Serie Comunicación

Reader's nuestro que estás en la tierra
Ensayos sobre el imperialismo cultural

Ariel Dorfman

Reader's nuestro que estás en la tierra

Ensayos sobre el imperialismo cultural

 EDITORIAL NUEVA IMAGEN

Primera edición, 1980
Segunda edición, 1982

Portada: *Alberto Diez*

© 1980, Editorial Nueva Imagen, S.A.
Escollo 316, México 20, D.F.
Apartado Postal 600, México 1, D.F.
Impreso en México
ISBN 968-429-169-8

4-28-88

T.S.

Índice

Prólogo: Sobre historia e historietas

Hace diez años atrás, en Santiago de Chile, con un grupo de alumnos tomamos la decisión de iniciar el estudio de los productos ficticios de los medios masivos. Lo decidimos —ahora lo sabemos, pronto lo íbamos a confirmar— porque algo en el aire o en sus vibraciones, ya anticipaba la victoria de Salvador Allende. Aquella victoria plantearía algo más que la transformación de los fundamentos socioeconómicos del país. Lo que se abría era otro proyecto de humanidad. También iba a ser inevitable preguntarse por la organización menos visible de las miradas endurecidas y las pieles colectivas y los territorios interiores cohabitados en que esa sociedad tejía y tatuaba su mensaje. De mil espléndidas, tartamudeantes maneras, había que irse preparando.

Por lo demás, la tendencia práctica de nuestro empeño se hallaba inscrita con escándalo en el nombre mismo del seminario: *La subliteratura y modos de combatirla.* Esas reuniones se llevaban a cabo en las salas de clase, cuando no en los jardines, del Departamento de Español de la Universidad de Chile. No fueron pocos los colegas, incluyendo a muchos progresistas, que fruncieron el ceño (y el sueño) y parpadearon ante esta inusual arremetida contra *comics* y *westerns*. Otros palidecieron o iban interpretando tales obstinaciones como una nueva excentricidad *pop* que ya pasaría de moda. Pero todos coincidieron, se me ocurre, en críticas bastante similares. ¿Qué tenía que ver un departamento de letras (literatura y ciencias del idioma) con los medios masivos de comunicación, con lo *sub,* con lo que no era permanente ni de alta excelencia estética, con el combate contra esto, aquello o lo de más allá? ¿Podría legítimamente titularse alguien de profesor de castellano para la enseñanza secundaria desmenuzando *Los Picapiedras, Simplemente María* o el *Patoruzú?*

Podríamos responder (y respondimos) que, ante todo, los pueblos pagan las universidades y tienen el derecho de que esos centros de estudio dediquen al menos parte de su tiempo a resolver algunos de sus problemas inmediatos, orientando la investigación para enfrentar las emergencias. Así se hacía imprescindible entender el funcionamiento de la dominación cultural para poder ir sustituyendo los productos importados o sus réplicas y copias. Si la tradición académica había exluido esos fenómenos de su panorama prioritario, había llegado el momento de modificar y, en todo caso, ampliar el concepto de lo que cabía en lo "universitario".

De todas maneras, más allá de esas argumentaciones generales (que valen para todo trabajo intelectual sometido a un período de transición), avanzamos algunas respuestas más específicas a esos interrogantes, comenzamos a debatir el asunto. Resumiendo, nuestras respuestas eran las siguientes:

La literatura debe estudiarse y aprenderse en el contexto total, cambiante, concreto, con que pulsa y se comunica una sociedad entera, asumiendo su coexistencia con las formas en que se ha instituido la interconectada sensibilidad mayoritaria. Buena parte de los seres humanos letrados (y muchos analfabetos en este universo audiovisual y cada vez más satelizado) absorbe y explicita lo imaginario a partir de esas emanaciones ficticias o poéticas, explora allá el amor, el éxito, el modo de sucumbir o elevarse, las relaciones y delaciones humanas aprobadas. En nuestras sociedades subdesarrollantes, los expertos en la lengua pueden convertirse en instrumentos privilegiados de transformación creativa, pueden agitar el lenguaje y el placer y la emoción pensada como encuentros parciales con la liberación. Hay que comenzar desde ya a entrenar a los jóvenes para percibir los mecanismos y procedimientos y técnicas de los medios masivos de persuasión. A estas razones podíamos agregar, además, que la generación más reciente de la literatura hispanoamericana se nutre y rompe espejos en los *mass media* para enredar e inventariar allá sus representaciones del mundo.

Y, por último, era hora de constatar que la subliteratura venía a ser (y es, y es) el desafío artístico central de nuestra época. Ante todo, porque aquella subliteratura se sobrepone y se confunde, en muchos aspectos, con el esquematismo de un arte de propaganda que, por mucho que sus fines estratégicos sean nobles y comprometidos, suele agotarse en la unilateralidad mesiánica del panfleto, suele subdesarrollar a su lector. Pero también debido a que lo que es *popular* en nuestros países manipulados (y no siempre es fácil distinguir la contracultura del pueblo de las imágenes extraídas y re-elaboradas a partir de los medios) constituye una frontera a la vez que un manantial, si queremos una práctica literaria liberadora, que desborde los públicos habituales y simultáneamente evite las tentaciones fáciles y reductoras.

Razones de más. Todas vigentes hoy.

Pero quisiera sumar una más que he aprendido a tientas en estos diez años.

Los modelos de comportamiento dominantes no se encuentran flotando en una entidad abstracta y lejana, como la sociedad, las estructuras (infra o supra), en alguna vaga ola que golpea, inunda y arrastra: anidan en esto que somos nosotros mismos, pesan cuando pisamos, se mueven con la sombra de nuestros dedos y boquean y balbucean con labios que deberíamos registrar también como nuestros. Las causas de ese comportamiento se encontrarán en la organización dinámica de la producción, en los enfrentamientos múltiples con que las clases definen sus intereses y se instrumentan. Pero antes que reiterar esas afirmaciones de manual, prefiero confesar que los seres humanos vivimos tales fenómenos desde adentro de nuestros lacrimales, de este lado de las bofetadas: están internalizados, enmarañándose física y materialmente en los hábitos, en los errores, en las recriminaciones, en las camas, en los prejuicios, en los mitos, en las envidias, en los dogmas, en el modo de aplicarse la pasta dentífrica. El *Reader's* no está en el cielo: es nuestro y está en la Tierra.

He descubierto entonces que uno sólo puede analizar —con tanta devoción y furia aparentemente fría— lo que de alguna manera comparte o comprende o consiente, lo que de alguna manera sigue recrudeciendo como antagonista en nuestra comarca interior.

Estos ensayos, por lo tanto, pueden leerse hoy, para mí, como bastante más que un intento de explicación acerca de los fantasmas de technicolor que nos reptan y nos hacen rieles y barreras y hielo y aduana. Son bastante más que aproximaciones al tributo específico que tales mundos imaginarios adquieren cuando representan fuerzas políticas, económicas y militares que hegemonizan el poder social y que de pronto se desnudan con toda su barbarie. Bastante más que una denuncia dolorosa de la cultura que importamos minuto a minuto y que se sedimenta como aire congelado en los pulmones de quienes amamos.

Estos ensayos constituyen, para mí, una mínima aventura intelectual, un ejercicio de la fantasía, una invitación a sondear la selva que cada uno de nosotros también es, por mucho que estemos del lado de los amaneceres. Son intentos por inspeccionar y admitir las matrices de la dominación que persisten más allá de nuestra lucidez política o nuestra práctica cotidiana de la liberación individual y colectiva. Son intentos por dar nombre y certificado de defunción a muchos de los actos diarios con que perpetuamos conductas mezquinas y subyugantes de las que apenas alcanzamos autocomprensión.

Más allá del empleo inmediato a que puedan dar lugar estos estudios (y su razón original era clara: ayudar a cambiar los medios masivos a través de su análisis), me sentiría contento si los lectores gestionaran acá algunos actos de reconocimiento, abrieran una que otra ventana hacia cajones y arenales interiores.

Porque a diferencia de los personajes y modelos y lenguajes que están juzgados y desabrochados en los cuatro ensayos que conforman este volumen, nosotros podemos recobrar conciencia de lo que nos pasa, de lo que nos hacen, de lo que quisieran que hiciéramos. A diferencia de ellos, de *Supermán* y del *Pato Donald* y de *Babar el Elefante* o de *Mi Personaje Inolvidable*, nosotros podemos perder nuestra inocencia.

A diferencia de ellos, nosotros estamos obligados a modificar la historia — y quizás la historieta — si queremos sobrevivir y crecer.

Ariel Dorfman
Amsterdam, julio de 1979

I. Lo que todos debemos saber...

Salvación y sabiduría del hombre común: la teología del *Reader's Digest*

"Cuando iba de patrulla en Vietnam, un soldado vio una gran cobra que se deslizaba por el sendero delante de él. Excesivamente miedoso de las culebras, mi amigo le disparó un tiro, revelando así nuestra posición al enemigo. Cuando el jefe de la patrulla le preguntó si no se le había ocurrido otra solución, él contestó vacilante: 'Sí mi coronel..., pero creí que no teníamos tiempo para pedir un ataque aéreo'."

(Extraído de "Humorismo Militar", Selecciones del Reader's Digest, mayo 1971).

"La opinión pública sabrá juzgar..."
(Opinión del ciudadano Eduardo Frei Montalva, seguramente en uno de sus discursos públicos o en alguna conversación privada).

"Cierto hombre de ciencia, que hace muchos experimentos con ratas blancas, dice que a menudo se pregunta si no habrá alguna especie superior de aquellas ratas que nos esté usando a nosotros con igual propósito."
(Extraído de "Ideas Geniales", Selecciones del Reader's Digest, mayo 1971).

Lo sabe todo el mundo.

No resulta una novedad constatar que *Selecciones del Reader's Digest*[1] es abiertamente reaccionario. Es proverbial su defensa del modo de vida occidental, cristiano, anglosajón, capitalista y norteamericano. En el número de mayo de 1971[2] (Tomo LXI, Nº 366), que nos servirá durante el transcurso de nuestro examen como muestra prototípica para una ejemplificación constante, hay, por lo menos, tres artículos que sin disimulo atacan el comunismo y los países socialistas ("Ángela Davis o la forja de un mártir", "Macao, Ciudad de Oro y Misterio", "El Gran Circo de Moscú"), y aseveraciones parecidas, pero más breves, se hallan desparramadas de contrabando en varias otras secciones. Si el *Reader's* sólo consistiera en esto, no pasaría de ser un burdo propagandista del sistema yanqui, y desnudarlo sería bastante fácil. Tal es así que muchas veces, al fijarse en los contenidos políticos explícitos, el ropaje más visible, se ha desatendido algo más importante: la manera en que la revista concibe el proceso de la comunicación misma, la estructura que ha adoptado para derrotar, y aprovechar, una serie de contradicciones generales en el mundo del siglo XX.

En efecto, el *Reader's* nace para entregar cierto tipo de información a un lector que carece de ella y que no la puede ingerir en otros medios masivos de comunicación. Este receptor siente, por razones que examinaremos más adelante, la necesidad de dominar, sin ser especialista, sin tragarse libros ni revistas, sin crearse grandes rompecabezas, algunas porciones del conocimiento que le parecen indispensables. Usando el *Reader's* como puente-colador, el

[1]Este trabajo surgió a raíz de un análisis preliminar que se hizo para el programa de televisión "Importa", que realiza el Departamento de Español de la Universidad de Chile en el Canal 9 durante 1971. Ilustrado el texto del *Reader's* por dibujos de Oski, se comentaron uno por uno los artículos de la revista, y se introdujo el punto de vista del lector por medio de títeres. Agradezco la ayuda de Manuel Jofré Berríos, sin la cual este trabajo habría sido imposible.

[2]Nuestra muestra es del año 1971 entero: doce números. Sin embargo, en vez de analizar la totalidad o desparramar los ejemplos más típicos, pensamos que lo más adecuado sería mostrar cómo —en un solo número— se dan todas las características estructurales de los demás. En realidad, cualquier número hubiera servido.

lector recibe "lo mejor de libros y revistas", en "condensaciones de artículos de interés permanente, coleccionadas en folleto". Es decir, el *Reader's* selecciona (lo que no es de extrañar, si tomamos en cuenta su título), distingue, entre miles y miles de publicaciones, aquellas que desbordan lo pasajero, lo meramente novedoso, para poder *permanecer* en la mente (y en los anaqueles) del comprador. Lo digno de mayor consideración, de ser estatua en la mente de cada cual, museo interior, se diferencia de lo que será olvidado mañana. Un manual turístico para la geografía de la ignorancia.

Por eso es un folleto. Más que una revista, porque, si bien conserva su servicio modernizador, su estar-al-día, puede guardarse para consulta incesante. Menos que un libro porque, si bien puede habitar una biblioteca, no ahuyenta al adquirente con un aspecto voluminoso, adusto o académico. Con las ventajas de uno y otro: el término medio comunicativo exacto para desempeñar la función. Este equilibrio, una característica que el *Reader's* reproduce en otras configuraciones suyas, garantiza que la revista se constituya en un recinto alejado tanto de la intelectualidad estéril de la élite como de los productos residuales de la sociedad de consumo. Su *forma-to* denuncia la hibridez dentro de la cual se sale a luz, los reinos que quiere conciliar: es magazine o es libro, y ninguno de los dos, y ambos, según el punto de vista que se adopte, las conveniencias del lector, la encrucijada precisa donde lo periodístico y lo culto se mezclan, donde novedad y estabilidad, sensacionalismo y residencia, logran un amancebamiento pacífico.

Por eso, ese microcosmos, en cada entrega, se ocupa de todos los sectores que la realidad abre, acentuando la penúltima información proveniente de ese campo. Nos encontramos, antes de abrir el folleto, en su portada, con un revoltijo de temas de la más variada índole. Es una realidad fragmentada, que reproduce la división del mundo en parcelas que el lector ha legitimado ya en su experiencia cotidiana. Cada área aparece claramente delimitada y aparte de las otras, separada de una posible cohesión globalizadora. La aparente autonomía de los diversos trozos refuerza subterráneamente la imagen que el lector se ha formado de sus propias potencialidades cognoscitivas en un mundo donde todo cambia con tanta fiebre, donde la especialización ha llegado a fronteras traumáticas, donde nada parece adquirir coherencia o integración.

Claro que este aislamiento asfixiante no aparece como tal. Por el contrario, permite que el *Reader's*, a la vez que entregue la impresión de pluralismo (que no pasa de ser temático y jamás invita a una polémica en que diferentes *posiciones* verdaderamente se enfrenten), ofrezca al lector la totalidad por acumulación, breve, entretenida, asimilable. Nada está fuera de ese minimundo: geografía, biografía, historia, medicina, política, anécdotas, arquitectura, arte, problemas del mundo actual, relaciones familiares, los últimos adelantos tecnológicos, botánica, consejos, dietética, test, chistes, religión, secciones que, por lo demás, se repiten monótonamente (cambiando de contenido para atraer) de mes en mes. Simulando la ficción de que está atiborrado de informaciones, el folleto puede, al mismo tiempo, abordar cada sección sin relacionarla con los compartimientos laterales; puede enunciar los problemas ahí descritos como absolutamente particulares y las enseñanzas extraídas como desgajadas de toda ligazón cualitativa con aquello que se ha aprendido en el resto de la revista.

En virtud de que la fuente escrita, anterior, de cada porción es un libro o un ensayo especializado, resulta ser el origen mismo lo que viene a justificar esta parcialidad en la cognición. Al lector se le autoriza el espíritu con tal de que acepte antes la atomización contundente de ese conocimiento en espacios y líneas demarcatorias previamente establecidas por la sociedad, las santificadas e incontaminadas reservas de saber en que una clase social ha dispuesto y organizado el mundo. Es decir, el *Reader's* utiliza la división que impuso la burguesía, técnicamente inevitable, del trabajo intelectual (y material), necesaria para el desarrollo económico y el dominio de la naturaleza para validar *a posteriori* la subdivisión de la cabeza de los que quisieran aproximarse a ese conocimiento. La verdad en píldoras, en bolsillos, en roperos, en compartimientos inmaculados, consecuencia infernal de un sistema económico que aísla al hombre de la totalidad y enajena su humanidad, para el *Reader's* se convierte en precondición incuestionable para llegar a conocer auténticamente. Sólo la suma caótica de elementos disgregados puede asegurar al individuo su iluminación reveladora. Claro que este método es posible porque, por debajo de variaciones temáticas, diferencias meramente anecdóticas, se vive una unidad estructural profunda. Cada trozo "seleccionado" no puede sino repetir el mismo lenguaje, procedimiento, técnica, sistema y tesis ideológicas, que los otros componentes. Se reitera cíclicamente en las islas aparentemente independientes una misma bandera, clima, geología.

Pero hay otros motivos. Como buena parte de los artículos enfrenta algún problema que ha hecho crisis en la sociedad contemporánea; por ejemplo, armamentismo, hambre, drogas, delincuencia urbana, contaminación atmosférica, conflicto generacional, subdesarrollo crónico, convivencia comunitaria, etc., al separar un tema de otro se le dificulta al lector intuir de qué manera todas estas contradicciones nacen de un mismo y único sistema, y cómo cada fragmento que se ha deseado arrinconar no es sino un síntoma de una crisis considerablemente más grave y generalizada. El *Reader's,* además, al poder derrotar cada situación angustiante aparte de las discordancias paralelas que pueden advertirse en las demás, logra una transformación milagrosa, agorera. No se presenta el problema para indagar en sus causas o desentrañar sus orígenes, sino que, muy por el contrario, se nos pone frente a los ojos la manera en que en algún lugar modelo y con la inspiración de un ciudadano ejemplar, ese problema se halla en vías de solución. Así, lo que interesa no es saber más acerca de las drogas y las razones por las cuales éstas proliferan, especialmente en USA y Europa, para poder efectivamente colocar el dilema en su justa ubicación. Lo que interesa es ejemplificar la solución individual, imitable por todos, a esa incertidumbre. No hay tal contradicción generada por un sistema; ni siquiera habría un sistema. Sólo hay *casos* que algunos han sabido enfrentar exitosamente, y que otros podrán resolver con simétrica dedicación y por idénticas vías, siempre que lean *Selecciones.* A este procedimiento, al que volveremos pronto, ya que constituye el núcleo de la estrategia del *Reader's,* se agrega el hecho de que toda otra alternativa está eliminada y que cualquier situación positiva que pueda interrogarse en esas disyuntivas se debe a lo que ellas tomaron prestado del sistema que propugna el *Reader's.*

Estas soluciones fracturadas pueden observarse en la mayoría de los artículos del número de mayo de 1971. En "Se nos mueren los océanos", dedicado al problema de la contaminación y los modos de combatirla. O en el abismo del hambre resuelto: "Revolución en la agricultura, promesa de abundancia". O la congestión en las carreteras y los accidentes: "Cuando se juntan el alcohol y el volante". O al enfrentar el problema de los accidentes laborales: Riku Ruopsa ("La prueba de fuego de Riku Ruopsa") supera el accidente mediante su garra y empuje, que cada cual debe tomar como arquetipo. O en la lucha contra el crimen ("Sherlock Holmes vuelve a vivir"). Pero donde llega al colmo es en dos ensayos diferentes ("Tranquilidad sin tranquilizantes" y "Saque provecho de las preocupaciones"), que resumen la actitud del *Reader's* frente a algo más que perturbaciones psicológicas.

Todos sabemos que a cada momento estamos saltones, irritables, tensos, preocupados. En gran medida debido al conjunto de problemas que el *Reader's* retrata separadamente en sus páginas como manifestaciones inconexas. Lo que exige, sin embargo, es que olvidemos los problemas, que no les prestemos atención. En lugar de eliminar la causa, el foco infeccioso que es el mundo real, se ordena suprimir el resultado de ese mundo en el cuerpo humano, relajándonos. En vez de cambiar el mundo, se pide que nos tranquilicemos, adaptándonos cómodamente a las imperfecciones. Que el lector no indague, que siga con el *Reader's.* Y hasta se propone que la fuente de tensión misma es un bien (en el caso de que no se pueda desterrar); ella podrá ser la dínamo que nos dé energía. "Si conseguimos que las preocupaciones nos sean de provecho, en vez de dejarnos devorar por ellas, a la larga acabaremos teniendo menos inquietudes que nos estimulen en nuestras labores.

Pero no nos preocupemos ahora por eso, que ya habrá tiempo de hacerlo."

Estas explicaciones que el *Reader's* se hace de las contradicciones del sistema, y que comparte con todos los órganos de expresión del imperialismo y de la burguesía, tampoco deberían sorprender a nadie. En realidad, aun cuando se enfrenta con sectores "desconocidos", supuestamente lejanos de la problemática contemporánea (o por lo menos de las molestias que estas situaciones ocasionan); viajes al trópico o al pasado, los últimos avances médicos ("Noticias del mundo de la medicina", "Van ganando la batalla a la leucemia"), la explicación de fenómenos corporales ("Cómo nos adaptamos al frío"), las realizaciones de algún famoso personero del arte ("Guiomar Novaes, poetisa del piano"), problemas meramente técnicos ("El mundo fluido de los Sogréah", "El prodigioso avión Mirage"), etc., el *Reader's* no consigue asombrarnos. Utiliza métodos muy conocidos, reducciones que han sido estudiadas reiteradamente y que en esencia son los mismos que Roland Barthes examina en *Mythologies*.

Una muestra. Todo es exótico en este mundo. Es ese misterio lo que justifica el tono de guía turística y que disimula la trivialidad y monotonía de los descubrimientos, dignos de un parque de diversión. Lo anecdótico y accesorio divierten la atención del lector, mientras que las verdaderas razones, uniones o disimilitudes jamás son observadas. El psicologismo se repite hasta la saciedad, buscando el origen de los fenómenos en exacerbaciones caracterológicas. Hay un moralismo maniqueísta como única forma de dramatizar el mundo o explicarse sus conflictos. Se tiende a un optimismo sano, seguro de sí mismo. Se toman en cuenta sólo las opiniones que consolidan el punto de partida inicial.

Hasta aquí, en realidad, casi no se justificaría este análisis, ya que todo lo expuesto es comprobable en otras formas comunicativas. ¿Para qué repetirse?

Hay, no obstante, algo esencial al *Reader's* y que, si bien se nuclea en otros medios masivos, jamás con la intensidad, centralización y preeminencia que aquí, índice de que habría algo más que un calco de una estructura que se haya investigado anteriormente. Se trata de la "experiencia per-

sonal" como ombligo en torno al cual orbitan las demás co-
ordenadas.

La presencia del individuo cotidiano y sus experiencias,
que no pueden ponerse en duda o desmentirse, es abruma-
dora en la revista. Empezando por la infaltable y cuasiar-
quetípica sección "Mi personaje inolvidable"; en los dos o
tres artículos por número donde se narra algún evento
especial que le acaeció a un ser común y corriente; en las
innumerables ocasiones en que, sin abandonar un tono
coloquial, de ligereza y familiaridad, algún "personaje importante" nos cuenta la forma en que le sucedieron hechos
sencillos; o cuando el cuerpo humano mismo se hace apén-
dice de la personalidad rutinaria de un ser estadístico ("Yo
soy la gónada de Juan", "Yo soy la oreja de Juan", que no
aparecen en el número de mayo que hemos tomado como
ejemplo); en los chistes y las "citas citables"; en todas estas
partes, se diviniza el recetario del sentido común, de la
percepción común, la simetría del denominador común.

A esto se debe agregar el hecho de que en cada
condensación, por separada, trátese del tema que sea, el
énfasis se coloca en los *individuos* que llevan a cabo la pro-
eza. Como muestra, "Lerici y los etruscos". Importa el descubridor: cuánto gastó, cuánto ganó con la empresa, qué
obstáculos tuvo que superar. En el museo muerto de los
etruscos, en el lápiz labial de las etruscas, destacan las pisa-
das de Lerici. Lo mismo sucede con lo médico, con los
aviones, con la agricultura, con el crimen. Hasta los seres
"superiores", fuentes de noticias, se hacen normales y
comprensibles, y cualquier lector puede sentirse cómodo
en su presencia. La trayectoria biográfica del descubridor
importa más que el descubrimiento mismo. Se suaviza de
esta manera la lejanía de esa figura protagónica, ya que si
bien es imposible que todos realicen exactamente esa "ha-
zaña", todos alcanzarán a imitar al héroe en su evolución
moral, su garra, su espíritu competitivo y caritativo, su
superación, plagiario en todo aquello que lo autorizó a subir hacia el éxito.

Como veremos posteriormente al tratar la teoría optimista
de *Selecciones,* eso significa que el gigante que ha llevado
a cabo la odisea merece el transcurso y el premio, debido

justamente a que en su vida diaria es un hombre como cualquier otro, que ha cumplido con las leyes éticas del universo, cuya recompensa es la fama, la fortuna, el conocimiento. En todo caso, esta técnica consiente que la personalidad del "inolvidable" (chico o grande) sea mucho más significativa que sus acciones, que los avances que ha facultado. El lector casi no retiene los datos científicos, geográficos, históricos; se entera muy superficialmente (reforzándosele, de todas maneras, la noción de que todo se podrá superar por medio de la tecnología, la modernización que salva cualquier mal). El hecho de que un Mirage "en sólo tres minutos puede ascender a 11 mil metros y alcanzar una velocidad de Mach 2.2, o sea, más del doble de la del sonido", dato inútil por lo demás, gira y complace la figura de Marcel Dassault y su evolución personal.

Lo que de seguro está grabado para el lector es la ejemplaridad del caso humano expuesto. La información científica, consecuencia de una vida dedicada al bien y al servicio del prójimo y coronada por el éxito, se utilizará para lo que vale, chismografía, sobremesa, decoración. El lector no tiene por qué entender en realidad en qué consiste el avance científico o la novedad, en vista de que está reconfortado por el modelo humano que llevó a cabo este paso adelante. La repetición de la vida simbólica e insigne del personaje central del Reader's es la rutina cotidiana del lector, no sólo actúa como garantía de que las novedades descubiertas también lo beneficiarán a él, sino que tiende a reducir todo a su propia experiencia, traducir cada hecho desconocido a términos confidenciales.

Y por eso, queda licenciado en su valer. Aun aquella persona más alejada de esa situación pasiva de lector, alguien justamente activo y señero, puede categorizarse como espejo de un comportamiento emulatorio para todos los hombres. El hecho de ser precisamente un "hombre común" es lo que, aunque parezca paradojal, ha permitido a ese hombre "fuera de lo común" surgir. Razón por la cual los lectores intuyen que el Reader's es su hogar y mandan sus colaboraciones, chistes, experiencias, anécdotas. Todo está adelgazado hasta el yo; yo hice esto, yo lo conocí, yo estuve en tal lugar. Y cada ego comparte geométricamente las mismas preconcepciones y posibilidades, cada ser humano se hace común (y *comunicativo*) en la potencialidad de que su pequeña y transitoria existencia puede universalizarse en las páginas millonarias del *Reader's*.

Así, la revista impone la creencia de que cada uno debe tener confianza en su propia experiencia, en eso irreductible que es un buen entender, te lo digo yo, a mí, a mí me vienes a discutir, pero si yo he vivido mucho, tengo muchas experiencias acumuladas, y cuya veracidad nadie podría poner en duda. Claro que se olvida detallar que esas experiencias a que debemos dar crédito, esa moralidad que es nuestro apoderado, no son naturales, ni ingresan al dominio de la universidad que se objetiviza más allá de la historia, sino que, a su vez, tienen un origen social. El *Reader's* adula el "ti mismo", tú sabes, tu sentido común, la opinión pública, el hombre de la calle, Julito Martínez, el Padre Hasbún, lo que todos sabemos, lo que nadie en su sano juicio discutiría, todo esto, para que se nos olvide que esa "orientación personal" es un producto. Frente a cualquier problema o cambio, habría que adoptar, por ende, las soluciones que hemos retransmitido desde el pasado (notemos la curiosa coincidencia con Descartes), las que están validadas por la tradición. Si sirvieron a tus abuelos, para ti también. Lo que supone un fondo (un fardo) eterno de sabiduría que ha ayudado a todos los hombres ahistóricamente (y en los artículos de arqueología, antropología, historia, se reincide en esta visión, acentuando la identidad "común" que el tiempo no ha podido manchar) y que estará siempre ahí, y que es el *Reader's*, naturalmente, el depositario y legítimo heredero de estos "conocimientos en conserva". Cada personaje que se dramatiza en el *Reader's*, por excepcional que sea y siempre que lo consienta su bondad, puede ser reducido a la misma experiencia común e individual de cada lector. A su vez, cada lector, por molido que esté en el engranaje y la rueda del día-a-día, siempre podrá leer su semblanza (casi) biográfica en la revista. El equilibrio entre el protagonista de la historia y el coro espectador que lo observa descansa en el sube-y-baja de la práctica establecida que ha sido universalmente aprobada.

Pero esta comitiva del lector dentro de la revista, su invasión extendida, sea por medio de seres representativos corrientes como él mismo, sea por medio de la traducción de otras personalidades a un idéntico término medio satisfactorio, debe examinarse como índice de una estructura más profunda. Porque ese "hombre común" no sólo es punto de partida y transcurso, sino que también es *meta*. Partiendo del hecho de que ese lector necesita informarse, de que *desconoce* algo que es esencial para su supervivencia en un mundo renovante y ajeno, el *Reader's* entrega, junto con las parcelas científicas, la *tranquilidad*. Todo es descifrable para ese hombre común; todo puede ubicarse en sus anteojos (anteojeras). Son "selecciones", muchas de ellas vueltas a redactar por "expertos" en un lenguaje coloquial y alegre. Por medio del *Reader's,* el lector puede informarse de todo, pero sin perder su condición de "hombre común". Acumula conocimientos, pero lo hace de una manera tan particular que no permuta su ser, eso irreductible que es su práctica cotidiana, sacrosanta perspectiva que lo confirma en su regularidad. El conocimiento no transforma al lector; por el contrario, mientras más lee el *Reader's,* menos necesita cambiarse a sí mismo. La fragmentación vuelve a cumplir aquí su papel primordial; no sólo dentro de cada folleto, sino que las ediciones sucesivas mismas tampoco suponen conocimientos previos. Entre mes y mes, el lector debe purificarse, sufrir una amnesia, enlatar el conocimiento adquirido en otro lugar para que no interfiera en el inocente placer de consumir más, nuevamente. Lo que se aprendió sobre los romanos no sirve para los etruscos. Hawai no tiene nada que ver con la Polinesia. La fácil erudición se posee para los efectos aquietadores de la "cultura general" y la "renovación informativa", para el intercambio de trivialidades: sirve en cuanto pueda ser digerido anecdóticamente, pero se le ha limpiado su posibilidad de pecado original, la tentación de generar verdad o movimiento (cambio).

El *Reader's* es un estómago que digiere sin tener que evacuar. Milagrosamente desaparecen los conocimientos cuando amenazan pasar al intestino, dando muestras de descomposición o crecimiento. *Digest*. Digerir. Digestión.

Puede usted masticar de todo, y en cualquier cantidad, sin sufrir calambres o harturas. ¿Para qué hacer esfuerzos? ¿Para qué sufrir las consecuencias? El futuro, el mundo, le pertenecen, porque las incógnitas no son tales. Se consolida al hombre común en su mitología y su representación colectiva: el universo, convenientemente segmentado, ya no es un misterio.

Estas características no son casuales. Obedecen al sistema económico y social dentro del cual nace *Selecciones*, la sociedad capitalista norteamericana y el tipo de hombre que la sufre. A este hombre se le ofrece un mundo de oportunidades supuestamente infinitas. Tal es así que "mi personaje inovidable" (en el *Reader's* de mayo, como siempre), explicita esta filosofía para su hijo. "No tenía medios para enviarme al colegio universitario, así que ese problema estaba resuelto para él. Nunca se justificó por ello, ni mencionó el asunto. Pero, en cierto sentido me 'envió' al colegio en fin de cuentas. Una tarde, cuando yo tenía unos 16 años, estábamos en el césped de delante de casa. Era un hermoso día. 'Hijo mío', me dijo, 'mira hasta donde alcance tu vista. Es un gran mundo, y es todo tuyo. Lo único que tienes que hacer es lanzarte hacia él y tomarlo. "Es el mito optimista de Norteamérica y la igualdad de todos para vencer en ese horizonte mágico. Claro que de hecho el capitalismo convierte a cada hombre en una pequeña tuerca, compitiendo enloquecidamente con los demás para poder subsistir, solitario, desconfiado, dentro del cajón de su pequeño oficio, experto en rincones. A ese hombre se le ofrece todo, pero se le "cumple" poco. Muchas llaves para una sola puerta, siempre la misma puerta.

El *Reader's* viene a "materializar" los sueños de estos hombres; recrea compensatoriamente el *homo universalis* que la cultura burguesa elevó a mito desde el Renacimiento en adelante[3]. La revista logra en su lectura lo que la sociedad no puede lograr en la realidad. Por un instante burbujeante, fantástico, cada uno se convierte en sabelotodo, sin que el conocimiento tenga que modificarlo, sin que su

[3]Véanse las ideas de Panofsky sobre "compartamentalización" en el Renacimiento.

empleo afecte la conducta o la práctica. El lector puede dominar el universo sector por sector, mes por mes, escalando peldaño a peldaño, avanzando sin cambiar de lugar, como un elevador al cual en lugar de subir se le fuera cambiando el ilusorio paisaje de cartón. El hombre separado y fraccionado sigue siendo un ser solitario (con sus predios de sabiduría igualmente solitarios), pero se representa a sí mismo como integrado, en comunión con una totalidad acumulativa (y comulgando con los otros lectores).

No sólo en cada artículo sectorializado, por lo tanto, se minimizan y explican (y solucionan) falsamente los problemas suscitados por la sociedad contemporánea, sino que el concepto estructural de la comunicación que hay detrás del *Reader's* hace exactamente lo mismo con la angustia del hombre contemporáneo (en especial del norteamericano). Este tipo de revista es, en efecto, la conciliación en el terreno de las ideas de contradicciones insalvables en la realidad: la tensión entre infinitas posibilidades de desarrollo prometidas, y la limitación real y mediocre de cada situación. Entre la supuesta democracia de oportunidades para ser y conocer, y el encierro y aislamiento que se vive cada día.

Por otra parte, el *Reader's* satisface de esta manera tan específica, otra necesidad: la del consumo. Todo producto industrial, dentro del sistema renovable de objetos en nuestro siglo XX, estimula al comprador para que consuma un objeto que es siempre el mismo bajo la apariencia de ser otro. Esto vale no sólo para la revista como objeto, mes a mes, folleto y folleto, sino para el conocimiento mismo que propicia. El hombre contemporáneo vive estimulado por la novedad, incitado por el sensacionalismo a buscar lo inédito, lo que rompa con el molde normativo, siempre que lo pueda ingerir bajo la forma de lo reiterado y tranquilizador. Pero hay otra razón que potencia al *Reader's*: para los habitantes del capitalismo son las ideas las que generan las diferencias entre los hombres, permiten el progreso y explican el éxito y, por lo tanto, es fundamental saber más que el otro para ganar y doblegar. Hay que producir y consumir más ideas por minuto, combustible eficaz para llegar más lejos. Por medio del *Reader's* pueden cumplirse estos afanes sin alterar el armazón del mundo o la relación tangencial con lo *docto*. Todas esas apetencias son inevitables si se desea que el sistema funcione. (Por ejemplo, es imprescindible que haya novedades, que los hombres quieran consumir, que consideren que las ideas hacen la riqueza, que superarse es conocer más, porque si no el capitalismo abandona los fundamentos ideológicos que acompañan y enuncian mentalmente su dominio económico.) Pero tampoco es posible que la clase dominante complazca de verdad estos deseos, cuya realización está justamente limitada por el sistema económico mismo que los estimula. De este choque nace el *Reader's*.

Hay que acentuar la circunstancia de que el derecho y obsesión por conocer —y que se proclama teóricamente como patrimonio de toda la población— no es contingente; ha sido internalizado en el sistema sanguíneo de la sociedad capitalista desde sus orígenes. Incluso podemos rastrear el mito de la búsqueda del infinito (leyenda fáustica), y las contradicciones reales de los hombres frente a ella, a lo largo de la literatura posrenacentista. (Es interesante observar que ya en sus comienzos el conocimiento se dividió para la burguesía en dos corrientes violentamente opuestas, según se trata de la continuación de la tendencia humanista, racional, armónica, científica, o bien de una tendencia que H. Hayden[4] llama antinaturalista, contrarrenacentista, demoníaca, de genialidad atormentada. El conocimiento como progreso y como maldición ya trasuntaba en esa época las contradicciones, más agudamente percibidas en el siglo XVII que ahora, del sistema, la desconfianza y la excesiva fe en la ciencia, sin duda exacerbadas por una lucha ambigua contra el contexto interpretativo feudal y dentro de él.)

En todo caso, la divinización del descubrimiento científico del mundo era necesaria para dominar racional y técnicamente la naturaleza y para movilizar la inventiva, el individualismo, la experimentación y la observación, la aplicación práctica, etc., y poder así construir, con medios

[4] Hyram Hayden, *The Counter-Renaissance*, Grove Press, Nueva York, 1964.

materiales y humanos, el mundo comercial e industrial. Y constituía, asimismo, un instrumento en la autodefinición inconsciente frente a la ideología feudal dominante y su visión estática del mundo. En esa época surgen las grandes teorías educativas de los humanistas, que contemplan ya el uso —arriscando un tantico la nariz de tanto acercarse al *vox populi*— de la imprenta (primer gran medio masivo de comunicación) al servicio de sus ideales. Porque al irse corroyendo los vínculos precapitalistas, al liberar la interpretación de la gente junto con desamarrar sus trabas económicas, se le debía ir dando a esos seres —comienzos del proletariado— un cierto grado de conocimiento (cada vez mayor, según las condiciones materiales lo fueran exigiendo) para que se explicara en términos "libres" un mundo que antes había estado fijo y definitivo.[5] Sin embargo, el peligro de que las masas efectivamente se educaran nunca fue una verdadera alternativa: el conocimiento sigue siendo privilegio de la mayoría que sustenta el poder económico y político, la que puede orientar el aparato educativo y disponer de él. Naturalmente, se continuaba agitando siempre la autopía de la burguesía: por medio del conocimiento os salvaréis. Y este conocimiento traería aparejado un progreso material sin par.

Pero a pesar de sus buenas intenciones, finalmente, en la sociedad de masas la burguesía se encuentra frente a frente con su mito de la democracia de conocimientos (y oportunidades). La crisis que genera el capitalismo durante toda su existencia se agudiza en el mundo del siglo XX: ese cosmos tan perfecto está habitado cada día por más seres que tienen conciencia de su ignorancia y limitación. O deberían tener esa conciencia.

El *Reader's* supera esa crisis (y cuando me refiero al *Reader's* incluyo, sin duda, tantas informaciones periodísticas, revistas, reportajes científicos) de una manera brillante: en ese pequeño mundo hecho a base de lenguaje se lleva a cabo lo que en la realidad es inverificable, la conversión microcósmica de cada uno en experto universal, Aristóteles

[5]Véase en *Para leer El Capital* (Siglo XXI, 1969), las secciones de Balibar sobre el feudalismo.

redivivo en el puesto de periódicos de la esquina. El conocimiento, punto neurálgico de la sociedad capitalista, por lo que promete y no cumple, por lo que construye y progresa ante los ojos atónitos y por lo que prohíbe y no distribuye, se transforma así en hada protectora, consuelo y varita mágica. De un dolor de cabeza se extrae el Mejoral.

La revista misma y la forma de su compra masiva reproducen a nivel de experiencia primaria esta noción de paridad de derechos para comprender la realidad. Todos tienen acceso al *Reader's,* se vende extendidamente, es barato si se toman en cuenta sus pretensiones enciclopédicas. No hay discriminaciones en su ventajosa lectura: quien desea aprender puede acudir a esa escuela única y esa serie de textos sucesivos e idénticos entre sí, cambiante de tema y estático en su forma, formato y mensaje ideológico.

El lector, al comprar el *Reader's,* confía en que está absorbiendo ese mínimo indispensable, la información que —ni más ni menos— le explicará los problemas que no entiende y las áreas de la realidad que ignora. Todo ha sido elegido en función de esa perspectiva común, es un servicio exclusivo, nivelador de secretos y hermetismos y dificultades, para que él pueda sentirse satisfecho y pronto a enfrentar el nuevo mes si no con el conocimiento, por lo menos con la conclusión de que posee ese conocimiento.

Por eso es primordial que tenga fe en la revista, que sea "mía" (en vista de que sus propias experiencias las puede leer y rescribir desde los puntos de vista de "mi personaje inolvidable" y el hombre común, participando como anecdótico narrador de su propia existencia). Porque de esta manera se asegura que lo que ahí aparece es lo más importante y lo mejor, fruto de una selección consagratoria. Sentirse privilegiado sin dejar de pertenecer a la masa. Como él, por definición (y por determinación social), no tiene cómo conocer directamente, sin intermediarios, la copiosa producción contemporánea en todas las llanuras del conocimiento, el lector debe entregar voluntariamente su representación al editor del *Reader's:* ese super-lector-común ha leído todo lo que se ha publicado (absolutamente todo, se supone, ya que la variedad de la que se extrae es tan inmensa; pese a que es bien sabido que el *Reader's* manda a hacer artículos, publicándolos en diferentes revistas para poder después condensarlos) y, por último, la Revista en su conjunto representa la Mente Universal, la Divinidad que Conoce Todo y que, por lo tanto, puede reducir también cada inconsistencia a los términos que estime convenientes para su mejor captación. En esa *summa* (teológica) en que confían, en esa Mente Mítica, todo ha sido digerido, envasado, empaquetado. El Superestómago ha consumido previamente y otorgará la participación a sus consumidores en cuanto sea provechosa y decente.[6]

Detrás del *Reader's*, por ende, se anima un proyecto político determinado, que se ve en el tipo de comunicación que sugiere, en el tipo de relación lector-productor-vehículo. Es la representación democraticoburguesa misma, el Estado como garantía y objetivo vigilenta, donde participar es consumir y participar en política es ser espectador de la radio, la televisión o los diarios, y depositar el voto cada cuantos años. El lector ha entregado al *Reader's* su derecho a conocer por su cuenta, a investigar, ha deseado ser Representado por la Revista que Selecciona. Lo que, por lo demás, es una mera repetición normal de su experiencia cotidiana enajenada, e incluso reitera una cierta teología inscrita en las cosas por el sistema.

La Revista es un ser superior (pero tan cercano, tan familiar, tan de "nosotros", tan amigo) que reconforta a los aislados fieles, los que deberán vivir ritualmente su lectura (y, naturalmente, su compra). El hábito, la adoración, la droga: entre lector y revista se ejercen en un dominio vertical que fundamenta el modo de comunicarse. En un universo absurdo, el *Reader's* asegura que el sentido común, asegura que la realidad y su tradición, verdaderamente existen. En un mundo donde la historia llama al cambio o a la incertidumbre, el *Reader's* tranquiliza al lector con su propia *naturaleza* que no puede cuestionarse. En un universo sin Dios, el *Reader's* ...En una sociedad violenta el *Reader's*... En una... *Reader's* nuestro, que estás en los puestos de periódicos,

---

[6]No puedo dejar de hacer aquí una alusión literaria: es como una paradoja democrática de la infinita y aristocrática biblioteca de Babel de que habla Jorge Luis Borges en *Ficciones*.

entre los diarios que saben menos, lejos de los libros que aparentan, pero son sólo polvo, gracias, sálvanos...

Cada explicación parcial, fragmentada, se reafirma circularmente con el paternalismo básico con que se inicia la lectura, la dirección unívocamente vertical del conocimiento, que es pasividad, pero nunca actividad; absorción, pero nunca praxis. La Revista conoce por él, vive por él, lo orienta y decide. Y como él está dentro de la revista, sus experiencias personales tienen un lugar preferencial, el hilo de confianza no se rompe nunca. Así puede suceder que, incluso quienes puedan tener discrepancias con las actitudes políticas de la revista, con su burdo anticomunismo, pudieran gozar el resto de sus secciones (supuestamente apolíticas).

El *Reader's* actúa como barrera y colador frente al mundo hostil y tenso. Todo lo que no aparece en sus columnas carece, de antemano, de interés. Con eso, basta y sobra. La revista puede hablar en nombre del hombre común, porque ella es el hombre común mismo potenciado cuantitativamente. No sabe más en esencia que el más ignorante de sus lectores. Tiene simplemente más datos, más personal, más hombres comunes talentosos trabajando y centralizando información, pero no ha perdido su simplicidad, su tono cómodo y amigable, su buen humor, su prudente alegría. No se ha puesto académica, ni sofisticada, ni enrevesa su lenguaje, ni es incomprensible, ni utiliza un lenguaje especializado. Vieron. El conocimiento no tiene para qué hacer eso con los seres humanos. El *Reader's* mismo demuestra que se puede conocer y seguir siendo la misma persona de siempre, que a pesar de su gargantuesca sabiduría no ha variado su línea. Demostración que se prueba al poder renovar incesantemente el contacto íntimo, inmediato, ser tan "buena gente". Superior, pero igual. Inalterables el receptor y el emisor y un movimiento perpetuo y febril y circular entre ambos.

Esta democratización del saber por medio de la traducción al idioma del hombre común, cumple otras funciones. Al servir de puente entre la élite tecnológica y la gran mayoría que vive en espera de este avance, tanto como fuente noticiosa como para su bienestar personal, el *Re-*

ader's promulga una tesis implícita sobre la repartición del conocimiento en el mundo real. Tal como el *Reader's* informa igualitariamente a sus lectores, así los efectos prácticos de este conocimiento —en el mundo real— se distribuyen también equitativamente, con la propia sabiduría y seguridad que utiliza la revista. Cada lector puede recomenzar su carrera hacia el éxito al renovarse la democracia del saber, al disponer, después de la lectura niveladora, de la base mínima irreductible y suficiente para seguir ganando o perdiendo en la batalla por la fama, el dinero, el cariño. Todos quedan al mismo nivel, todos saben lo mismo, han tenido idénticas oportunidades purificantes por medio de la lectura: lo que ocurra después dependerá del talento de cada cual, de las desigualdades naturales que no pueden sino justificar las desigualdades sociales. Lo que la sociedad ha aportado a cada uno desaparece para que podamos todos competir, y cada cual demostrar su valer individual, su capacidad incuestionable, y después el *Reader's* volverá a nivelar, etc. Porque el saber ya no sería privilegio ni podría entenderse como consecuencia de la situación que se ocupa en una clase social.

No olvidemos que el *Reader's* cobra sentido en un sistema donde se ha acentuado el hecho de que son los conocimientos (unidos a una conducta intachable) los que permiten avanzar y donde es inevitable propiciar la fraternidad en el campo del saber. Al desterrar la ignorancia del lector, al garantizar el eterno retorno de la paridad en el punto de partida, el *Reader's* le da derecho al comprador a seguir compitiendo, a no seguir atrás. Es *útil* para la vida. Mediante su medicina mágica, su vitamina gnoselógica, este folleto borra de una plumada las diferencias en la repartición del conocimiento. La verdadera estratificación, nacida de una jerarquización clasista más que de diferencias que tomaran en cuenta las efectivas capacidades, nacida de la necesidad de dominar las fuentes de la reproducción de ideas con que una clase social hegemónica funda y reconquista a diario su derecho a los medios de producción material, y que, además, se puede correlacionar con los países imperialistas y los subdesarrollados, la verdadera estratificación desaparece por obra del *Reader's*. Después de navegar por su sueño reparador, cada lector amanece en pie de igualdad. El que está al lado no sabe más que él, y si sabe más, por definición ese conocimiento —al no haber sido seleccionado por el *Reader's*— es superfluo.

Por eso es posible que el *Reader's*, no sólo en sus mensajes mismos, en sus reportajes a la ciencia, sino en el modo de comunicarlos, sugiera que la repartición de la tecnología en sí es neutra y objetiva. Cada lector de la revista no sólo tiene el mismo acceso a la noticia y al consejo que los otros lectores, sino que en su vida el nuevo adelanto médico vendrá tan prontamente a una mujer que vive en el barrio Recoleta, aquí en Santiago (y que compra el *Reader's*), como a una en Nueva York (que seguramente también compra el *Reader's*, según el estrato social del que provenga). El dispendio generoso de la comunicación enfatiza idéntica disposición para la ciencia que se está comunicando. La burguesía siempre ha confiado en la palabra, en el brillo y la extensión de su verbo, en la posibilidad de que el modo en que comunica las cosas en el plano de las ideas garantiza el modo en que las cosas son.

Pero esta repartición impersonal, justa, más allá de las fronteras ideológicas, esconde en realidad una trampa. Porque la técnica sólo favorece, según el *Reader's*, a aquellas *personas* que adoptan posiciones éticas determinadas. Los personajes que circulan dentro de sus páginas siempre tienen éxito, y esto se supone como consecuencia de su feliz descubrimiento y aplicación del conocimiento. Pero ese éxito es, ante todo, moral: queda supeditado a la bondad de los protagonistas, a su mérito. En una y otra ocasión la revista enfoca el momento en que el conocimiento, y especialmente la última novedad tecnológica, viene a resolver los problemas planteados. Impresión de racionalidad, progreso, futuro, etc. Pero el Gran Editor sólo ha seleccionado aquellos episodios en que la ciencia interviene después de haberse establecido simultáneamente la fianza de que los beneficiarios son de una moralidad intachable. Así la apariencia objetiva se disuelve: en cada ocasión se enfatiza el hecho de que la persona sobre la cual se escribe *merece* aquello (por razones estrictamente irracionales) y subyace la seguridad de que la *distribución* de los beneficios de esa ciencia se hará de acuerdo con los comportamientos éticos que cada individuo haya mostrado previa y predestinadamente. (Quien relacione esto con la ética protestante y el espíritu del capitalismo, estudiado por Weber, gana el premio.) Es obvio que quien no se adscriba a las normas valorativas y conductuales vigentes (ya que de ésas se trata, ése es el punto de vista al que se acoplan los editores y los personajes mismos del *Reader's* y también teóricamente ese lector común) no podrá recibir las consecuencias mágicas del avance tecnológico. La división moral del mundo es anterior a la repartija del botín de los conocimientos. Como un gran médico brujo que sanciona, el *Reader's* sabe que sus lectores se portarán bien.

Pero la repartición moral de que hablamos se reproduce en la estructura misma de la revista: hay varias secciones dedicadas a hablarle directamente al lector ("¿Tendrá su hijo trabas para aprender?"), interpretaciones y consejos, a veces redactados en forma de pregunta y respuesta ("Preguntas que todos hacen acerca de la sexualidad"), donde se le entregan conocimientos que, sorprendentemente, a veces pudieran ser de alguna utilidad. Pero el contexto dentro del cual el *Reader's* entrega esa información ha sido prefijado por la relación emisor-receptor y por las enseñanzas de los demás artículos. La Revista, depositaria de lo conocido y por conocer, dueña de entregar, o no, la información requerida, confía en cada lector y en su capacidad para aplicar correctamente esa porción cognoscitiva que se le otorga desde las alturas de la cotidianeidad. Esos datos son absorbidos desde una perspectiva que el lector ya ha internalizado y que no cuestiona: ya sabe cómo ha de comportarse si quiere que esa información le sirva de algo, tenga resultados. En efecto, al personalizar la intervención de la ciencia, o al hacer de cada viaje por la historia, la geografía, la biología o la astronomía una aventura individual o turística, al rodear todo siempre de anécdotas, esfuerzos, lágrimas y sonrisas, "instantáneas personales", se termina por irracionalizar lo científico, convirtiéndolo en algo taumatúrgico, fruto de hechicerías. La ciencia se acerca y se familiariza por medio de la experiencia individual, se hace *comunicable,* pero eso mismo aleja de la posibilidad de entenderla de verdad: se refuerza la noción de impotencia que el hombre contemporáneo tiene, pero, al mismo tiempo, se le confiere inocencia a esta distancia y terror que podrían angustiar al lector lo suficiente como para exigirle cuestionar el mundo y cuestionarse a sí mismo.

Es evidente que, en el fondo, detrás de tanto progreso, novedad, ilustración, el *Reader's* basa su dominio en un territorio moral previamente abonado. Los personajes protagónicos y los lectores pasivos comulgan en la misma *comunidad.* La justicia divina y el ojo editor del *Reader's* se identifican. Dentro de este disco rayado, tal como la figura central del artículo recibía, gracias a su individualismo, rectitud, capacidad de superación, los beneficios de la ciencia y del éxito, así el lector recibe los consejos y propósitos de la revista, comprendiendo que de nada le servirán si no demuestra por medio de su conducta personal (primera manifestación de esta conducta: comprar el *Reader's;* segunda: sentarse a leerlo; tercera: comentarlo con un amigo) que es el destinatario legítimo de tanto bien pronosticable, y que la confianza que la revista ha depositado en él se verá justificada.

De ahí que el tono cotidiano y sentimental, los consejos lacrimosos, la tan mentada abuelita tal o cual, la comunicación calculada como una conversación directa con el lector en un cómodo sillón, la buena fe, es la condición sustancial, emocional, para que la revista pueda ser creída, tal como ocurre en los foros televisivos o en la propaganda electoral, o en las relaciones amorosas. Directo al corazón, y la razón viene solita. Que el conocimiento deje de ser incomprensible y, por lo tanto, una amenaza, que se unte en azúcar y melodrama. Y, como siempre, se encontrarán secciones dentro de la revista que equivalen como mensaje a esta estructura total. En el que leemos como prototipo, "A mi hija, al comprar su primer automóvil" y "No soy supersticioso, pero...".

Vemos así que el *optimismo* tan famoso del *Reader's,* además de poder rastrearse supuestamente hasta la bonhomía e ingenuidad norteamericana, alegre confianza en el futuro, luz en los momentos de mayores tinieblas, permite el contacto con el lector en términos precisamente noracionales, insta al lector a sentir que el *Reader's* tiene fe en él, en ese yo y su experiencia y lectura personales.

La universalidad de la redención que subasta mensualmente (y que se traduce cuantitativamente en los idiomas en que se edita, similar a *El Atalaya* de los Testigos de Jehová), supone que el hombre es básicamente *bueno*. Por eso, de ninguna manera es admisible que los *pueblos* de los países socialistas participaran en una revolución, y que sus gobiernos los representen. En absoluto. Para el *Reader's* la inmensa mayoría está aparte de ese proceso, y hay un reducido grupo de hombres malvados o meramente equivocados que dirigen a los demás, descarriándolos. Lo mismo ocurre con los ateos o agnósticos. En el artículo religioso de turno ("¿Dios o la casualidad?"), el autor se apoya en los astronautas norteamericanos ("aquellos hombres pudieron haber entonado un elogio de sí mismos", pero como "tres modernos Reyes Magos" recitaron uno tras otro el primer capítulo del Génesis) para autorizar su tesis y no contento con ello busca la tradición, el pasado, como prueba: "Cuando me veo arrastrado a las tinieblas, cuando me acosan dudas pasajeras, recurro a un pensamiento muy simple. Quizá alguien lo tilde de vano y aun de infantil, pero a mí me da muy buenos resultados".

"Evoco las grandes mentes que en el curso de veinte siglos han creído en Jesús, mensajero de Dios. Con ellas ando en buena compañía. Y voy (y espero que también el lector) por la vida siguiendo una senda de esperanza."

En estos párrafos podemos ver resumidas muchísimas características que ya hemos distinguido, pero nos interesa destacar la normalidad de la creencia del autor, un hombre común como cualquier otro. Los que disienten quedan fuera de la "buena compañía", traicionan "veinte siglos", la "simpleza", lo "infantil", los astronautas, "la senda de esperanza", al lector y a la revista.

Lo mismo sucede cuando el *Reader's* enfrenta a seres extravagantes que, abusando de la pureza y apertura del sistema norteamericano, pretenden romper la convivencia. Todo lo que sea revolucionario está ligado no sólo a la sombra y al demonio, sino a la anormalidad, al exotismo.

Aquello es ajeno (y las connotaciones racistas no se hacen esperar) a la *naturalidad* del humano, a su especie biológica, al régimen de vida que se ha dado con óptimos resultados (todos se han salvado y han entrado al reino de Dios) durante tantos milenios.

Resulta, por lo tanto, que hay dos tipos de seres que son diferentes del lector de la revista: aquellos que tratan de mordisquear al sistema político y cultural cristiano-occidental, y que desenmascaran sus intenciones nefastas al actuar de una manera extraña, misteriosa, rara, digna de una clínica psiquiátrica (o sumidos en la inescrutable orientalidad de su conducta); y aquellos que, establecidos en la excepcionalidad de su talento, trasuntan en su vida toda la vertebración ética que cualquier lector puede imitar y atraer a su propio entorno. La traducción que hace el *Reader's* de estos últimos al esquema de la cotidianeidad, de la sencillez, de la "buena compañía", licencia su éxito en la larga pelea por la popularidad y por el control final del mundo.

La intimidad con los destructores está negada de antemano. Esos parásitos son tan ajenos a la comprensión, tan negros en sus motivaciones, tan incalculables, tan errados en su conducta, tan estrafalarias sus costumbres, que a nadie se le ocurriría sugerir que tienen razón. Además, los que eran como ellos en el pasado han sido olvidados, no han sido registrados por el gran *Reader's* del siglo XX. Incluso cualquier cualidad que éstos demostraran se considera consecuencia de características "occidentales" que todavía persisten. En "El Gran Circo de Moscú" lo bueno nace del genio, del individualismo, de la bondad, a pesar de los comisarios, de los látigos, de la vida gris y amurallada. ("A pesar de la cacareada sociedad sin clases de los rusos, en el Circo Soviético impera el sistema que se basa en las estrellas del arte".)

Y así se llega a la siguiente ecuación: perversidad moral igual incomprensión y lejanía del lector. Son seres posesos, que tienen trato con potencias oscuras, exiliados del progreso racional y del *Reader's* y de la vida de todos los días, y como no descubren nada, ¿cómo van a ser capaces de repartir algún beneficio o adelanto? Incluso en un *Re-*

ader's,[7] donde se hablaba sobre Siberia, se mostraba a una gran ciudad científica como un éxito sólo porque estaba incontaminada, aislada del conjunto maléfico del resto de la sociedad, porque allí se permitían la competencia y los privilegios. Era casi una astilla "occidental" en el mundo socialista. El *Reader's* anticipa que el signo moral es lo que permite el discernimiento y, por lo tanto, el uso de la razón. Lo "común" que tiene cada lector es más importante que la ignorancia particular que pudiera tener, y la derrota continuamente.

La ciencia queda subordinada a la bondad y ésta, junto con comprobarse en la vida corriente de cada hombre, se define como un rechazo a todo cambio político, social o económico. Cuestionar el sistema, querer transformarlo desde una perspectiva que lo niegue, es quedar automáticamente fuera de la riqueza de los conocimientos. Criticar el sistema no es una forma de conocimiento. El optimismo condena esta crítica; la imagen positiva y vacua del mundo la condena; la repartición previa y jerarquizada de los conocimientos la condena; la burocracia de la seudoerudición la condena.

Al yo se le abren dos posibilidades de alcanzar o soñar ser más, dos vías para la excepcionalidad: ser ángel benefactor, Prometeo, Leonardo, Albert Schweitzer, Richard Nixon, o convertirse en demonio oscurantista (comunista y alborotador). La racionalidad y sus fragmentos dispersos per-

[7] Abril de 1971: en "El despertar de Siberia, tierra dormida", se dicen cosas como "hay en Yakutsk más automóviles particulares por habitante que en Leningrado o Kiev". "Se les ofrece una extensa variedad de incentivos y beneficios especiales." Y sobre Akademgorodok, la ciudad de los genios científicos, qué no se dice: "Cuanto más se aleja uno del Kremlin, más libres y cordiales se muestra(n) la mayoría de los soviéticos", o "en esa ciudad de la ciencia, tan apartada de la burocracia propia de la vida soviética, tan inflamada de libertad de pensamiento y expresión, es fácil olvidar los problemas que atormentan a Siberia y pensar únicamente en la magnífica promesa que enciera". Por eso, cuando se sugiere que "el futuro de Rusia surgirá de Siberia", frase de Lomonosov que veía el desarrollo de recursos naturales como lo esencial, el *Reader's* hace que el lector interprete esa frase como augurio de que habrá una norteamericanización de la Unión Soviética, que es la única solución. Se podría hacer análisis similares en cada uno de los números del *Reader's*.

tenecen por derecho propio al universo seráfico de los salvadores. Por oposición, es imposible que los del otro lado puedan explicar nada, o tener algún motivo racional para su comportamiento.

Así, el anticomunismo del *Reader's* se verifica a niveles mucho más profundos que el ataque abierto o soslayado en algunos artículos. Tiene por ver con su concepto de la comunicación como defensa automática del sistema capitalista y su ideología. La única visión que podría interpretar el mundo coherentemente y resolver el dilema básico del que surge el *Reader's,* el marxismo, queda fuera de combate antes de subir al ring. La victoria del folleto es aun más portentosa si se toma en cuenta que el marxismo, justamente una visión científica, queda repudiado en el nombre vicario de la ciencia misma, con toda la apariencia de la objetividad y el sentido común. El *Reader's,* para ser comprado y leído, tiene que ser aceptado como racional, ponderado, iluminante, y todo adversario como contrario al verdadero amanecer. Pero este progreso está concebido precisamente como si el mundo real fuera formalmente idéntico al *Reader's* mismo, fueran esferas simétricas: hay que acumular cambios disgregados, como el lector acumula ideas, que no variarán la afable cara cotidiana del universo. Por eso, el pragmatismo, la pupila que se fija en lo inmediato, son necesarios para equilibrar con una concreción la forma básicamente abstracta y teórica, idealista, en que el *Reader's* postula la realidad. El ''sentido común'' no es sólo el baluarte contra la praxis (aquel conocimiento que *real*-iza en el cambio del mundo y de sí mismo): es también la coartada para cualquier abstracción, para que la lejanía del *Reader's* se ponga la careta de familia y medio ambiente grato.

Podemos llegar a definir ahora las serias implicancias que tiene la solución que el *Reader's* propone para el mundo subdesarrollado, habiendo eliminado al socialismo. El atraso de este mundo, nunca examinado por la revista como un problema, se sugiere que se debe a varios factores que ya hemos observado: la rareza de sus costumbres, que fatalmente lo coloca al margen del modo habitual en que se debería merecer, y sumar, conocimientos; una renuencia a aceptar plenamente la tutela norteamericana; la modorra de climas adversos; la falta de una tradición de grandes cerebros.

Pero jamás el *Reader's* llegaría a auspiciar la idea de que estos pueblos están condenados *per sécula* al fracaso. Su optimismo lo impide.

La solución económica a estos problemas es fácil de adivinar. Se puede examinar en "Elda y su feria del calzado", donde un hombre, solitario, logra convertir una aldea abandonada en un próspero centro comercial e industrial. Métodos: importar maquinaria norteamericana, contar con hombres emprendedores, tener fe en el futuro, permitir a esos hombres dirigir a su antojo las operaciones, tener ideas, ideas, ideas, modernizar y estudiar, adquirir una moralidad a prueba de habladurías, recibir medallas y felicitaciones del gobierno. "Indudablemente, el caso de Elda nos brinda una inequívoca lección: con trabajo, perseverancia, espíritu emprendedor (y con un hombre como Roque Calpena, que ya está forjando planes para exportar calzado a los países del bloque oriental), se pueden aprovechar las energías que hoy dormitan en otros muchos lugares. Así está el camino, abierto por Elda, y toda la nación se beneficiará al aprovecharlo."

Pero más que nada el *Reader's* considera que la salvación de esos rezagados no puede venir sino a través del *Reader's* mismo. Por mucho que se industrialice e intervengan capitales extranjeros, la revista sabe que el problema básico es que esos pueblos deben merecer esa ayuda, deben fiarla con su propio existir cotidiano. La ciencia podrá salvar a esos subdesarrollados, siempre que ellos intuyan antes que la ciencia se destina sólo a aquellos que han consagrado la división del mundo en buenos y malos en los términos que el *Reader's* propone.

Así, la técnica podrá ayudar a esos países, con la condición de que sus habitantes se eduquen, tengan los conocimientos imprescindibles, la pureza moral, para que el progreso pueda fructificar. ¿Y quién puede entregar masivamente y en forma económica y científica esos conocimientos con el fundamento para la fertilidad de la aplicación tecnológica?

Rader's Digest, of course.

A pesar de su procedencia norteamericana, el *Reader's* se defiende del cargo de que esto sería una penetración extranjera, porque apela al fondo universal que esos marginados tendrían dentro de sí. Al mismo tiempo, conserva todo lo autóctono, nacional, propio, bajo el aspecto de exotismo. Podríamos observar el mismo procedimiento cuando el *Reader's* escribe sobre estos países en sus secciones de divulgación geográfica. A medida que leen progresarán. A medida que se reduzcan (¿se resignen?) a ser "hombre común", reservando intacta e impoluta su originalidad cotidiana, mágicamente se avanzará en el bienestar y en el ingreso per cápita. La causa del subdesarrollo es, por lo tanto, la culpa de las ideas que oscurecen la cabeza de los pobres y atrasados, y no producto de una situación material. La solución no puede ser sino alimentarlos con las ideas correctas,. "Digerir" nociones, para que lleguen por sí solas las comidas. "Seleccionar" bien sus amistades, y la casa (y techo) en que recibirlas saldrá abracadabra del suelo. "Leer" lo que se debe, y esperar que la materialización ocurra.

Al venderse a sí mismo, el *Reader's* vende todo un sistema.

Detrás de la luz iluminadora y santa de su falsa sabiduría, se prende (y por suerte, se apaga) una ampolleta *Made in USA*.

Santiago de Chile, enero de 1972

II. Los primeros pasos

Inocencia y neocolonialismo:
un caso de dominio ideológico
en la literatura infantil

PARA RODRIGO (4 años)

"No hace tanto tiempo, la tierra contaba dos mil millones de habitantes, o sea quinientos millones de hombres y mil quinientos millones de indígenas. Los primeros disponían del Verbo, los otros lo tomaban prestado. Entre unos y otros, unos reyezuelos vendidos, unos señores feudales, una falsa burguesía compuesta de pies a cabeza, servían de intermediarios. En las colonias, la verdad se mostraba al desnudo: las "metrópoli" la preferían vestida; necesitaban que el indígena los amase. Como madres, hasta cierto punto. La minoría selecta europea se dedicó a fabricar un indigenado selecto; se elegía a los adolescentes, se les marcaba en la frente, con el hierro candente, los principios de la cultura occidental, se les metían en la boca mordazas sonoras, grandes palabras pastosas que se pegaban a los dientes; después de una breve permanencia en la Metrópoli, se les devolvía a su país, falsificados. Esas mentiras vi-

*vientes no tenían nada que decir a sus
hermanos; resonaban; de París, de
Londres, de Amsterdam, lanzábamos las
palabras' '¡Partenón! ¡Fraternidad!', y en
algún lugar de África, de Asia, los labios
se abrían:' ...tenón..nidad'. Era la edad
de oro".*

Jean-Paul sartre: Prólogo a *Los Conde-*
nados de la Tierra, de Franz Fanon[1]

Ese niño que usted tiene a su lado —cerca en todo caso,
siempre hay un niño cerca— es en potencia el revolucionario del mañana. Como también puede ser el más resuelto
de los defensores del orden establecido. El proceso de la
socialización de ese pequeño ser humano constituye uno
de los puntos neurálgicos en toda sociedad: ahí se deben
generar las actitudes, condicionar los supuestos prerra-
cionales, que permitan que ese niño crezca integrándose,
cómodo, funcionante, entusiasta tuerca, en el *statu quo.*

La función de la literatura infantil de consumo masivo en
la sociedad capitalista (desarrollada o subdesarrollada) es
coadyuvar para que el niño preinterprete las contradicciones de la realidad (por ejemplo, autoritarismo, pobreza,
desigualdad, etc.) como *naturales,* a medida que las vaya
encontrando, como hechos perfectamente claros,
comprensibles y hasta inevitables: el niño debe tener a su
alcance, de antemano, las respuestas ideológicas que sus
padres han internalizado, formas de pensar, sentir, vivir, que
superan y unifican en las mentes las tensiones que el crecimiento hará cada día más evidentes. El mecanismo de sustituir, compensar, deformar, en esa literatura, al justificar o
racionalizar ocultamente, al definir con falsedad un problema para resolverlo triunfalmente, reafirmando en todo momento un sistema total invariable de preferencias
psicológicas y morales desde el cual todo se ordenará,
viene a reforzar el proceso pedagógico que la clase dominante, y la familia que es su agente, quiere imponer al niño
para que éste cumpla una determinada función ahora y especialmente cuando sea mayor, proceso que puede rastre-

---

[1] En *Colonialismo y neocolonialismo,* Buenos Aires, Losada 1965 p. 123

arse en todas las producciones de las sociedades capitalistas (libros, revistas, abecedarios, juguetes, camas y cunas, colores preferidos, programas de TV, vestimenta, elementos decorativos, etc.). El punto privilegiado de esa educación será el hijo de la burguesía que está recibiendo, además, los beneficios del sistema mismo, pero los hijos del proletariado también serán bombardeados con estas imágenes para que las consoliden interiormente, si bien su condición misma de explotados constantemente tenderá a hacer notoria la falsedad del esquema que se establece como norma.

Si en este ensayo sólo se va a examinar un reducido sector dentro de esta vasta zona de dominio ideológico es con la intención de que quede simultáneamente patentizada la necesidad de analizar las demás regiones, y con la certeza de que, en efecto, las estructuras-modelos que se descubrirán se podrán hallar duplicadas, con variaciones significativas, adaptadas al *medium* particular en que se inserta la subyugación en el resto de los sectores.

Quisiera, además, que el presente análisis contribuyera a re-conocer más exactamente algunas de las técnicas y procedimientos que se utilizan en la literatura infantil para conseguir la sumisión del niño y su aceptación de los valores burgueses vigentes, llamando la atención hacia el peligro que entrañaría que perdurasen esas formas en cualquier sociedad que está transformando sus estructuras económicas y sociales. Si bien una nueva cultura no podría surgir sino cuando los cambios en la propiedad de los medios de producción haga más manifiesta la distancia entre la ideología burguesa y la realidad que dice comprender, no es menos cierto que la vigilancia ante las formas lingüísticas oficiales de los dominadores con respecto a *esos problemas* concretos, vigentes puede acelerar el proceso de desmitificación.

Por último, tal vez se pueda contribuir a una teoría de la ideología, y de la ambigua relación de ésta con la realidad, ya que la manera en que el capitalismo coloniza a sus jóvenes, los modos específicos de ocultamiento, reducción, mistificación, inversión, mentira parcial o total, y que *tienen* que referirse a los eslabones más débiles y problemáticos de la sociedad, sintomatizan también los temores y aspiraciones que desde la falsificación, desde la historia ideal que pretende sustituir la realidad, sirve para comprender la historia verdadera. La máscara que el hombre elige para confrontar sus dilemas, para sonreír en la presencia turbadora e interrogante de los otros, para aparentar una conciencia unitaria y coherente que permite sobrevivir mentalmente con las contradicciones, que de otro modo llevarían a los abismos de la locura, de la revolución o a la simple admisión de una irrevocable inmoralidad que sigue intereses mezquinos sin ninguna justificación ética o elevada (imposible, imposible), esa máscara que el sistema genera automáticamente para poder funcionar,[2] no es en absoluto ajena a la cara (¿existe?) que late más abajo.

Vamos a analizar los libros que narran la historia del elefante Babar, que en los últimos años han iniciado su penetración en nuestro medio, después de un éxito sin precedentes en los últimos treinta en Francia (y también en otros lugares del mundo occidental).[3] La razón de haber seleccionado a este personaje y no a otro más popular reside en el hecho de que en Babar se expresan de manera representativa una serie de características ejemplares que difícilmente podrían hallarse reunidas con tanta claridad en torno a otro ente de la literatura infantil: es un modelo casi

[2]Véanse, entre otros textos, de Althusser, La revolución teórica de Marx, México, Siglo XXI, 1967; de Lucien Sebag, Marxismo y estructuralismo, México, Siglo XXI, 1969, y los estudios de Armand Mattelart publicados en el CEREN.

[3]Babar surge en 1939 y alcanza su mayor difusión después de la segunda guerra mundial. Coincide así con la tesis neocolonialista frente a las colonias africanas que se están independizando. Sin ser simplistas, podemos observar que los niños que leyeron Babar en Francia fueron los mismos que combatieron en Argelia; que aquéllos que leyeron Babar en Inglaterra apoyan la política de laboristas y conservadores frente a Sudáfrica y Rodesia; en cuanto a los norteamericanos, sabemos muy bien dónde han estado y dónde están y estarán. Al traducirse al español en 1965 y ser importado por los países hispanoamericanos, se consiente al proceso de dominio ideológico de los hijos de la burguesía dependiente, que pasan a interpretar sus propios países con los esquemas y concepciones del imperialismo. Esto coincide, por lo demás, con la política reformista de la "Alianza para el Progreso".

prototípico. De todas maneras, cuando venga al caso, se establecerán paralelos con procedimientos similares utilizados en otras formas vigentes, en especial con el mundo de Walt Disney.

Básicamente, la de Babar es la historia de un paquidermo cualquiera que, debido a su peculiar educación y vínculo con el mundo de los hombres, se convirtió en el rey de los elefantes, salvando y transformando a su país. Posteriormente, al tener familia, el autor y el lector atenderán con preferencia a los hijitos de Babar.

Babar nace como un elefante común y corriente: crece y juega en una realidad idílica, entre otros animalitos. Sin embargo, esta centración adánica se va a alterar, ya que un "cazador malo" mata a su mamá y lo fuerza a escapar del bosque y a dirigirse a la deslumbrante ciudad. El primer contacto con la civilización resulta así negativo: se interviene para matar y destruir. Pero la ciudad paga a Babar lo que le quitó. La figura femenina de la "anciana señora" sustituye a la madre, adopta al elefante. Lo primero que deseará Babar es "vestirse bien": ella le entrega todo el dinero necesario. Durante los primeros dibujos anda en cuatro patas: apenas pierde su desnudez y se gemela con ropa en un espejo, toma conciencia de su piel y de esa segunda piel que es la vestimenta. Babar comienza a mimetizarse con los hombres, a utilizar sus ademanes bípedos. Se levanta en dos patas. Sobreviene en seguida un proceso educativo: Babar va a transformarse —sin perder su apariencia de animal— en un ser humano: usa servilleta, duerme, hace gimnasia, se baña en tina y con esponja, maneja su propio auto, viste a la moda. "Ella le da todo lo que él quiere." Un sabio profesor le enseña, y así aprende a escribir, sumar, etc. Puede vislumbrarse también un mapamundi donde África y América se destacan muy nítidamente.

Babar "progresa": en lugar de los instintos, la ignorancia, adquiere los conocimientos y pautas del mundo que lo cobija, aprende a comportarse frente a la realidad de cierta manera normativa. Evidentemente, en un primer plano superficial, se estaría instando a los pequeños lectores a que se condujeran de una manera similar (que sean obedientes, inteligentes, que usen buenos modales, etc.). El niño parte, como Babar, sin elementos sociales, es también salvaje, ignorante, anda en cuatro patas, etc. La correspondencia entre estos dos inocentes, el animal y el infante, conforman —como veremos más detalladamente después— la base del dominio ideológico, el mecanismo y puente que permitirá deformar la realidad. Pero interesa, por ahora, notar que Babar no es sólo un niño: tiene además un país propio, que sigue siendo primitivo, tribal, desnudo, un país que no ha evolucionado junto con él. Desde esa realidad —en rigor desde los sectores aún no subyugados de su personalidad y que no podrán jamás ser borrados, desde su animalidad siempre emergente— vienen emisarios a buscarlo ("dos pequeños elefantes totalmente *desnudos*", subrayo yo).

Este primer contacto entre Babar ya civilizado, casi adulto diríase, y los otros elefantes, que son como un reflejo de lo que él fue alguna vez, define el futuro del país de los elefantes: sus primos son inmediatamente incorporados al mundo de la anciana señora, se los viste, y luego —como premio por haber balbucido el primer paso— se los lleva a comer pastel (el dulce que domestica, el dulce que calma las lágrimas, que hace aceptables las mentiras, la miel que facilita el pasaje fluido hacia el acomodo, el dulce-niño, el dulce-adulto). Habiendo demostrado la superioridad y el contagio de su educación, contando con aliados, con una compañera (se casará después con Celeste, su prima), puede ahora volver a la selva.

"Pero nunca olvidará a la anciana señora."

Parten en auto, vestidos, con maletas, con claxon y algarabía. Detrás van corriendo, en cuatro patas, las madres de los primos que habían venido a buscarlos: es la primera consecuencia visible de la falta de civilización. Quienes no acepten esos modelos serán excluidos de los placeres (de andar en auto); serán unos fracasados.

Mientras tanto, al morir accidentalmente el rey de los elefantes, se ha providencializado la llegada de Babar." Los elefantes más ancianos" se reúnen para elegir nuevo rey, "preocupadísimos": es "un aciago día", "qué desgracia". Se abona la venida de un Mesías, de un salvador, que resuelva el problema. En efecto, el rey de los elefantes se diferenciaba de los demás sólo por la corona que llevaba; pero al comerse una "seta venenosa" demuestra que es un ser tonto e ineficaz, que realiza actos que los niños lectores se habrían cuidado muy bien de hacer. Si el rey (el mejor) de los elefantes, se comporta de un modo tan infantil y peligroso, ¿qué se podrá esperar del resto de ellos? El nuevo gobernante deberá venir desde afuera: no será un nativo sino alguien educado en el país de los hombres, un ser civilizado. Mientras ellos deliberan desesperados, Babar sale del país de los hombres (casas, una plaza, aviones, una iglesia, autos, a lo lejos campos sembrados ordenadamente, monumentos) con todos los signos preclaros de su vinculación a este mundo. "¡Qué vestidos más bonitos lleváis! ¡Qué coche más precioso!" Frente a la gran masa indiferenciada y gris que los recibe, ellos aparecen con personalidad definida: color, movimiento, técnica los destacan y se convierten en un erecto signo exterior de su superioridad, su asimilación a los valores, objetos y concepciones del fascinante y desconocido universo de los hombres. A Babar se le asigna la investidura del predominio en un mundo bárbaro donde todos son indefensos e ingenuos. Su cercanía al mundo occidental (al mundo de los adultos), al centro prestigioso, será ahora y en cada episodio futuro, el fundamento de su mando, la fuente de su *regir*. El viejo Cornelio así lo entiende ("vuelve de la ciudad, donde ha aprendido muchas cosas al alternar con los hombres") y sugiere que coronen a Babar. "Sin vacilación", los elefantes aceptan. "Cornelio ha hablado como *un libro*"; es decir, como un objeto cultural autoritario cargado de sabiduría, como el libro que los elefantes no tienen pero los hombres sí. Cornelio habla dos idiomas, mediando entre mundos alternativos.

El premio no se hace esperar. "Tienes unas ideas estupendas", le dice Babar (aunque la única que ha tenido es la de que éste sea proclamado rey), "así, pues, te nombro general y cuando tenga corona te regalaré mi gorro". Quien le ayudó a recibir el poder es recompensado con rango y con el símbolo de la civilización: se acerca al poder y sus rasgos diferenciadores. Babar imita a los hombres, Cornelio imita a Babar; posteriormente, todos imitarán a Cornelio, y el país entero se "civilizará". Por ende, lo primero que hace

Babar ("envía al dromedario a la ciudad para que le compre unos preciosos trajes de ceremonia") es reafirmar su dominio, al comunicarse otra vez con la metrópoli para acentuar exteriormente su estatus. En la celebración que sigue, los animales invitados (todos, ratón, lagartija, hipopótamo, leopardo, león, rinoceronte, jirafa y, naturalmente, los elefantes) por primera vez se ponen en dos patas y bailan. Aunque todavía están desnudos, ya se transfiguran, ya comienzan a elevarse, a *subir* de condición. Irán perdiendo su condición de animales, se humanizarán.

Pero no se trata solamente de una teoría pedagógica, la integración de los niños (los elefantes) a un mundo adulto benevolente (el país de los hombres), sino que hay aquí, más que nada, una *teoría de la historia,* el aprendizaje de un sistema interpretativo que permita "iluminar" los orígenes del mundo contemporáneo. Se están relacionando dos países, dos dimensiones antagónicas, ciudad y selva, y uno de los polos terminará por absorber y subordinar al otro. El niño se encontrará, a medida que crezca, con la realidad palpable de que hay países desarrollados y países subdesarrollados, situación que se debe al imperialismo y al lugar que ocupan los países subdesarrollados dentro del sistema capitalista internacional. Se encontrará también con una explicación racional, que justifique y encubra este fenómeno y una serie de respuestas teóricas y prácticas que se proponen como solución, para que esos lugares "atrasados" progresen. El primer contacto del niño con la historia se verificará a través de libros como éstos de Babar que —como veremos— anticipan, a otro nivel, con diferentes medios, exactamente la misma política que se le propondrá cuando sea más grande.

Se narra entonces la historia de la incorporación de los continentes no-occidentales (América, Asia, pero, en especial, Africa) al mundo contemporáneo. Pero la historia ha sido des-realizada, ha sido disfrazada. En vez de Europa, hay una ciudad; en vez de África, una selva; en vez de un negro o un indio, un elefante; en vez de la iglesia o un imperio monopolista, una anciana señora; en vez de una burguesía dependiente, Babar. El país de los elefantes *vale por* África sin encarnarla abiertamente, sin llevar el *nombre* que hubiera forzado a una identificación demasiado real y dolorosa. Se escamotea el vínculo lingüístico (la palabra África), que al estar reventada de contradicciones, denuncias, concreciones, inmediateces, que al exigir un sospechoso examen paralelo con la realidad efectiva, pasada y contemporánea, invalidaría la creación de una historia ideal que pudiera remplazar después la que efectivamente ocurrió.[4] La historia que el niño reciba como verdadera valdrá por la otra, y enseñará a mirarla y a ponerla en perspectiva, y lo logra porque no pretende enseñar absolutamente nada, porque se presenta a sí misma como ingenua, ficticia, alejada de los problemas cotidianos, sin compromisos, neutra, más allá.

Pero esta historia no es otra que la realización del sueño de la burguesía con respecto a sus países dominados. Desde el siglo XVI en adelante, el capitalismo va a justificar literariamente su intervención en otras realidades, con la esperanza utópica de poder construir ahí un espacio mítico perfecto en que no entrarán las contradicciones que aquejaban en ese momento a Europa (que vivía la transición del feudalismo al capitalismo). El mito del buen salvaje, el anhelo de una naturaleza (mayordoma de Dios) benefactora y providencial, la necesidad de una Edad de Oro en que la crisis se resolviera racional y armoniosamente, constituían un modo de secularizar el mito religioso medieval del Edén y del Cielo, las dos dimensiones paradisíacas entre las cuales se desarrollaba la finita historia de los hombres. El ideal educativo para las poblaciones autóctonas nativas: se uniría en ellas la luz de su razón (logos) natural y la ley del progreso civilizado (la humanidad renaciente después de una Edad Media supuestamente bárbara). Se iba a recrear una nación en que naturaleza y civilización pudieran convivir, donde el avance técnico no corrompe sino que trae bienestar: un lugar que reuniera las cualidades feudales y

---

[4] "El mito, entonces, no otorga significado a un objeto que antes del mito carecía de él; por el contrario, parte de los signos que componen la realidad social y les *sobreañade* una segunda significación (...) Esta segunda significación 'sobreañadida', se presenta en el mito como *única*, y hace desaparecer la primera, o si se prefiere, la 'oculta'." Eliseo Verón, *Conducta, estructura y comunicación*, Buenos Aires, Jorge Álvarez, p. 234, 1968.

las cualidades burguesas y las sintetizara sin antagónismos. El resultado, como se sabe, fue desastroso. Sin embargo, Babar, cuatro siglos más tarde, logrará lo que los conquistadores no pudieron hacer: ha de inyectar el progreso a esa selva sin alterar el equilibrio natural. Se va a narrar la relación entre esos dos mundos haciendo caso omiso del saqueo, racismo, subdesarrollo y miseria, se va a relatar el ensueño de la burguesía, lo que la burguesía hubiese deseado que fuese el mundo no-europeo. Es la fantasía sustitutiva con que el autor *corrige* (a medida que Babar *rige*) los defectos, escollos, imperfecciones del verdadero desarrollo histórico, una radiografía de las aspiraciones de la civilización europea, y que nunca se perdieron del todo: la posibilidad de encontrar alguna isla, alguna orilla del universo, que no estuviera todavía contaminada, en que se podrían reconstruir todos los aspectos positivos del "progreso", escamoteando sus dilemas. Esta seudohistoria paralela que supera las desesperanzas cotidianas, volviendo con nostalgia a un proyecto heroico e imperturbable, sigue alentando en el siglo XIX, cuando se coloniza África, y se utiliza en el siglo XX para intervenir en Asia y en otros lugares: es necesario salvar esos países para la civilización, y se lo puede hacer, además, sin interferir su ser autóctono. En el país de los elefantes se resuelven las grandes contradicciones de la historia del desarrollo del capitalismo: queda justificada la forma en que Europa se acercó a los indígenas. Quedará purificada también la política actual, la que hoy se propone como solución.

Pero aquí hay algo más que una proyección ideal, una construcción mentirosa. Aunque sólo después será pertinente examinar detalladamente de qué manera el desarrollo que sufre el país de los elefantes refuerza y comprueba la teoría neocolonialista vigente, es importante entender que en los libros de Babar no se *ignora,* no se *elimina* la historia. Se la dulcifica, se la cambia de signo, se la reduce, se la invierte, pero *la historia real está ahí* puede ser descubierta y rastreada. El autor ha abstraído de la historia de África aquellas características innegables que, despojadas de su concreción inmediata y de su enlace problematizador, servirán para establecer un sistema subconsciente de equivalencias. Cada etapa en la vida de Babar formalmente corresponde (o corresponderá, a medida que el niño las vaya ubicando y reconociendo) a una etapa real que se fertilizó en la verdadera historia. Se han seleccionado y aislado esos aspectos para que funcionen en otro contexto, para que, perdiendo su categoría de delación, litigio, denuncia, queden enmurallados dentro de los marcos omnicomprensivos de la ideología dominante. Y si así no fuera, esta literatura no sería peligrosa, ya que el niño estaría encerrado en un sueño, en una imaginación sin puntos de contacto con la realidad, en la cabeza anacrónica de Tomás Moro o del padre Las Casas. Si la verdad no estuviera en el elefante Babar, escondida, bastardizada, deforme, pero si no estuviera como oculto correlato paralelo, sería imposible que al niño se le fueran revelando las equivalencias, no podría asemejarse el proceso ficticio que tiene en su mente con el proceso real que pedirá a gritos ser interpretado y entendido: la posibilidad de una comparación subconsciente futura, de una sumisión de las contradicciones de la dialéctica en un esquema emocional obsesivamente reiterado, sólo puede operar si se mantienen las mismas etapas estructurales, variando la apariencia bajo la cual se introducen y modificando sustancialmente las consecuencias que tuvo su intervención. El sistema falso se hace representativo de la realidad total, porque incluye encubiertos los problemas que ese mundo va a seguir presentando al niño a medida que crezca.[5]

Trataremos de ir probando esta tesis a medida que hagamos el análisis y obtengamos una visión más completa de los efectos que ha tenido la civilización en el país de los elefantes, pero es necesario de todas maneras examinar aquí un ejemplo concreto.

Hay elementos en las relaciones de Europa y los otros continentes que no pueden negarse: el saqueo, la violencia, la esclavitud. Si éstas se eliminaran de Babar, el resultado

[5] "La escritura, siendo la forma espectacularmente comprometida de la palabra, contiene a la vez, por una preciosa ambigüedad, el ser y el parecer del poder, lo que es y lo que quisiera que se crea de él." R Barthes, *El grado cero de la escritura*, Buenos Aires, Jorge Álvarez, p. 26, 1967.

sería una mentira, y la lectura de Babar no serviría para interpretar ideológicamente nada. Los niños dirían:
—Ustedes nos dijeron que no hubo violencia en la conquista de África. Eso es un engaño: ahora sabemos que hubo mucha destrucción. Si ustedes mintieron en esto, seguramente falsifican otras cosas también.

Consecuentemente, la violencia ha sido incluida en Babar. Nadie ha tratado de negarla. El cazador malo representa justamente esas fuerzas "malas", que intervinieron en el pasado. Posteriormente, cuando Babar y Celeste naufragan, son recogidos por un capitán que los "regala" (nótese, no son vendidos) al dueño de un circo. Sufren la esclavitud, son enjaulados, pierden su *libertad*. La civilización europea contiene así evidentes aspectos negativos. Pero cada vez que aparecen los representantes de la urbe haciendo un mal a los elefantes, se alza majestuosa la contrafigura, bondadosa, caritativa, del elemento positivo del mundo occidental y cristiano. La anciana señora borra aquellas características, todos los caminos conducen a su tutela y aun más: es la labor explotadora y cruel de los otros lo que insta a los elefantes a depender de ella. Frente a la amenaza de exterminio y de servidumbre de un sector del mundo europeo, hay un ideal educativo, misionero, "progresista", que quiere encerrar a Babar y a su rebaño en la gran familia occidental. No hay que matar a los nativos, ni encadenarlos: es preciso *europeizarlos*. Es notorio, además, que cada vez que Europa se exhibe negativamente, los *animales no están vestidos* (sea porque su estado es primitivo, sea porque naufragaron —"como durante la tempestad perdieron las coronas, nadie ha creído que sean el rey y la reina de los elefantes, y el capitán los ha hecho encerrar en la cuadra"). Basta progresar para que nunca más se repitan esas intervenciones, basta igualarse con Europa, llevar los signos epifánicos de inclusión en el mundo civilizado para que desaparezca el verdugo y por eso mismo la víctima: hay que asimilarse. Y aún más: los momentos violentos se establecen como eslabones en una cadena, son indispensables nexos entre la desnudez y la vestimenta, entre el atraso y el desarrollo, entre la selva y la anciana señora. No se han ignorado las etapas de conquista y esclavitud: pero el modo de su incorporación permite cambiar su sentido, invertir la verdad. Mientras se pueda suspender el hecho, se hará; pero cuando la pujanza de los sectores explotados e ignorados hace imposible el simple olvido de aquello que contradice la versión oficial de los hechos, la ideología parcela este fenómeno y lo re-absorbe dentro del sistema general, que se mantiene invariable. Cierto, no podemos mentir: violencia hubo. Pero vean cuán felices están los elefantes ahora.

El procedimiento de admitir los rasgos negativos, expulsándolos hacia un pasado remoto, se utiliza constantemente en la literatura infantil. Frente a esos seres siempre aparecerán los auténticos héroes, que borrarán la depravación de ayer y consagrarán el esplendor del mañana.

Veamos algunos ejemplos sacados de Disney.

Pato Donald, los sobrinos y la abuela-Pato han partido (debido a su aburrimiento, situación típica) en busca de aventuras al lejano Oeste. "Espectacular el escenario, ¿no chicos?" "Como de televisión, sólo que en tres dimensiones." Pero son atacados por indios, que *no juegan*, sino que odian a todos los patos. Hace 50 años Cato Pato los engañó doblemente, robándoles sus tierras y después vendiéndoselas de vuelta cuando no valían nada. Hay que convencer a los indios, por lo tanto, de que no todos los patos (los blancos) son malos y de que la rapiña del pasado puede ser reparada. Superar la explotación anterior y el fraude es anular la desconfianza: todo ha cambiado, las razas pueden entenderse, hay un sitio para los marginados en el orden y la civilización actuales, es necesario olvidar las viejas diferencias. Pero he aquí que aparecen los estafadores que quieren comprar en "mil centavos" las tierras. Los patos, sin embargo, salvan la situación: "¡Ésa es una estafa: ellos saben lo valioso que es el gas natural que se está filtrando en la mina!" El resultado es que los indios declaran la paz a los patos. ¿Y cómo se integran los nativos al mundo, una vez apagados los recelos? Por dos vías: a) "Una gran compañía de gas hará todos los trabajos y pagará bien a la tribu". Frente a los estafadores del presente y del pasado, está la compañía (grande) que resolverá los problemas

con *justicia*. El que viene de afuera (¿Tío Rico?) no es necesariamente malo; la maldad existe ahí donde no se paga el precio exacto (precio que se impone ¿de acuerdo a qué condiciones y qué mercado?), y b) el *turismo*. Esta solución, que
veremos repetida en Babar, significa que los indios venden
su ser "autóctono" y que los aventureros gozan de reposo
y vacaciones. (Con lo cual se realiza el ideal estático de
ellos, todo el movimiento insensato que domina la aventura logra su resolución. Además pueden descansar sin haber
trabajado, pero mereciéndolo por los infortunios que han
padecido: el ocio sin el sudor previo, el ocio desconcretizado.)

Otro ejemplo: los patos buscan un tesoro en Azteclano.[6]
En el pasado, los conquistadores malos quisieron arreba-
tarles el oro a los pobres indios (mostrados con figuras de
patos). Y ahora los "chicos malos" quieren repetir exactamente el mismo procedimiento. Además de enfatizar así
que la historia es esencial repetición de una idéntica con-
tingencia en que los malos quieren quitar a los buenos su
propiedad (con lo cual se afianza todo el sistema capitalista, sin hacer preguntas por el origen del dinero), se permite
que los descendientes de los indios superen el pasado, sal-
gan de una actitud anacrónica y se integren al mundo contemporáneo y técnico. Los patos salvan una oveja de un
pastor. "No sé cómo pagar esta buena acción". Pero el pastor será el guardián del tesoro: "yo guardaba la tradición de
ocultar el botín a los asaltantes". Donald responde. "¡Esto
es absurdo! Los conquistadores ya no existen". No hay para
qué aislar la riqueza. Y el resultado consabido: "Visite Azteclano, entrada: un dólar". Los indígenas eliminan el recuerdo de su primera mala experiencia; abren sus puertas a

[6]No es éste el lugar para referirse a las mistificaciones geográficas que se
dan en las historietas infantiles. Sin embargo, no puedo rehusar la
tentación de examinar con mayor detenimiento esta referencia a Azteclano. Por una parte ese lugar es abstracto, alejado, inexistente, fabuloso. Por
lo tanto, ahí podrá desarrollarse cualquier aventura, y no habrá más orden
del que traigan los personajes. Pero, por otra parte, se sabe perfectamente
que ese país es México y no otro. Se tiende a juzgar ese país real (México)
con las categorías exóticas, salvajes, exteriores, del país ficticio que lo
representa. La caricatura sustituye la cara misma. La pobreza de estos paí-

los extranjeros, que *no son conquistadores.* Los que vienen de afuera educan al indio ("Esto es absurdo") y le explican el modo de aprovechar sus recursos. Y, nuevamente, toda la agitación se canaliza en las vacaciones. ("Nuestra aventura termina en forma de vacaciones tropicales.") Entre la rutina (con la cual parte el relato) y el ocio final, está la aventura: se premia a los patos por haber ayudado así a los desvalidos. Pero más que nada la aventura es el modo de conseguir la riqueza y la recompensa. Tal como el oro es la abstracción del trabajo (valor) incorporado al objeto, así la aventura es la abstracción del esfuerzo que se necesita (que se padece) para producirlo: la aventura es el trabajo invertido, negativizado, desconcretizado. El sudor hecho fetiche.

De la misma manera se activa en Babar. La violencia es aceptada como existente, pero su sentido se altera radicalmente.

La ideología tiene, por lo tanto, dentro de sí el sueño, la aspiración, el esquema ideal, perfecto, abstracto, pero también imita la realidad, ocultándola. Así, por ejemplo, el sueño burgués aseguraba que se encontrarían nativos dispuestos a "civilizarse" y ahí están Babar y Cornelio para probarlo. El primer contacto entre Europa y un país "bárbaro" era por medio del intérprete salvaje: éste es el primer puente, el vinculador lingüístico de las dos esferas. "Cornelio habla como un libro." Los ejemplos pueden multiplicarse, pero es preferible retornar al análisis cronológico.

Habíamos dejado a Babar en el feliz momento de su coronación. Al mismo tiempo se casa con Celeste, queda instaurada simultáneamente la monarquía y la familia, el

---

ses, su atraso, no tienen causas: es una mera excentricidad superficial. Esto implica que para solucionar sus problemas bastaría con *tecnificarlos* (el subdesarrollo es una falta de modernidad). También se logra así que los habitantes de estos mismos lugares, o de lugares similares, se autoconozcan en los términos de la ideología dominante. Las características singulares de cada país marginal (modo de crear sensaciones nuevas) diferencian entre sí a naciones que ocupan una misma posición dependiente y que quedan interjuzgándose mutuamente con los modelos que los dominadores les prestan, riéndose de sí mismos cuando creen que lo están haciendo de otros.

reino y la posibilidad de herederos. Las dos vertientes del futuro.

Se van de luna de miel. Para este efecto tienen un globo (de un ostensible color amarillo, el mismo de la corona de Babar), en que ellos se *elevarán* por encima de los demás elefantes. Es éste un motivo recurrente: *subir*. Lo primero a que se había precipitado Babar al llegar a la ciudad era a jugar con los elevadores, a buscar la movilidad vertical. Sin duda esta idea (recordemos a Dumbo, el elefante volador) contiene el deseo de negar la pesadez del cuerpo, de ese elemento concreto que siempre nos conserva tan aferrados a la necesidad y a la circunstancia.[7] En otros libros sube montañas para esquiar (dos veces), es invitado al país de los pájaros, adquiere un disfraz que le permite volar. Hay aquí una obsesión por ascender: el protagonista requiere ser aceptado en "sociedad", en los "altos" círculos. Habiendo abandonado la posición horizontal, ya en dos patas, el elefante sólo piensa en seguir subiendo. La imagen consolida la urgencia de desprenderse de la condición baja, de remontar, de *ser más*. Se trepa por la escalera que la civilización regala.

Pero más que esto importa subrayar el viaje mismo. El país de los elefantes ha perdido su calidad exótica: está reservado para ser el patio de Europa. Uno de los temas fundamentales de las historietas contemporáneas es "la aventura", la búsqueda de nuevas sensaciones que rompan la rutina y el hábito, el encuentro con peligros (desórdenes) que podrían poner en duda el orden interior y exterior de los personajes, pero que ellos siempre logran sobrepasar. En el mundo de Disney, por ejemplo, los lugares geográficamente apartados facilitan la búsqueda de tesoros, ya que ahí, evidentemente, nadie es dueño de la riqueza y nadie ha trabajado para conseguirla. Pero en Babar este viaje cumple varias otras funciones específicas. Ya en las novelas bizantino-barrocas y en sus derivaciones contem-

[7]Véase de Gastón Bachelard, *El aire y los sueños, ensayo sobre la imaginación del movimiento*, México, Fondo de Cultura, 1958. También mi ensayo "¿Volar? Un estudio en la narrativa de Jorge Edwards y Antonio Skármeta", *Revista Chilena de Literatura*, 1, pp. 59-78, otoño de 1970.

poráneas, los reyes (y a veces héroes menores) se veían azotados por la mala fortuna (naufragios, cautiverio, etc.) y, por consiguiente, arrimados al lector, "rebajados"; pero mediante la *fortitude* y la *magnanimita*[8] se mostraban merecedores de los bienes con que finalmente los colmaba la providencia. Volverán enaltecidos y triunfales a su país, que entre tanto tendrá grave necesidad de ellos. Su alejamiento sirve para demostrar que son indispensables.

Sin embargo, si escudriñamos bien el relato, el sentido último de la accidentalidad es ponerlos *a prueba*. Tal como Robinson Crusoe, llegan a una isla, y como él, tampoco pierden su contacto con la civilización:[9] lavan su ropa, cocinan y condimentan exquisitamente su comida, etc. Los dos elefantes podrían muy bien haber revertido al primitivismo, haberse enfarragado en la bestialidad (como ocurre en varias novelas europeas de los años 50, por ejemplo en el *Señor de las Moscas,* de William Golding). Llevan Europa como dimensión interna, han probado su capacidad ejemplar para gobernar. Y justamente se enfrentan a "caníbales salvajes y feroces", seres que no han alcanzado la civilización. Se reedita una experiencia muy usada en la literatura europea: la oposición de dos tipos de seres naturales, unos de signo positivo, otros de signo negativo.[10] Por ser civilizados, paradojalmente, los animales vencerán a los hombres. Frente a la desnudez de los caníbales, la ropa de los elefantes; frente a la antropofagia (tabú), el fuego que

---

[8]Véase de Wolfgang Kayser, "Origen y crisis de la novela moderna", *Mapocho,* año II, t. III, No. 3, vol. 9, pp. 58-80

[9]Véase de Ian Watt, "Robinson Crusoe as a Myth", en *Eighteenth Century English Literature,* Nueva York, Oxford University Press, pp. 158-179, 1959. Las páginas de Marx en *El Capital* son demasiado conocidas para ser citadas; aquí también se da una producción de mercancías en aislamiento, una ficción del *homo economicus.*

[10]En *La Diana,* de Jorge de Montemayor; en las comedias pastoriles de Shakespeare; en los dramas de Lope; en la *Arcadia,* de Sannazaro; en la *Astrée,* de Urfé, esta división dentro de la naturaleza proclama su ambigüedad: una naturaleza bondadosa pero básicamente racional y cortesana (pastores) frente a una pasional, desbordante (seres maquiavélicos, horrendos, salvajes, hombres que desconocían la ley de Dios para apoyarse en sus instintos).

domestica, el arroz y el pescado. La distancia entre Babar y los salvajes implica que no hay retorno posible al estado primitivo. Pero aún más importante, va a prepararnos para la lucha, dentro del país de los elefantes, contra aquellos animales (los rinocerontes) que tampoco se han civilizado, y que se paraleliza en el siguiente episodio.

En efecto, hay guerra en el país de los elefantes. Mientras la anciana señora rescata a sus amigos del circo (naturalmente que lo primero que hace es *vestir* a sus protegidos, y hacerlos descansar en camas separadas, regentados desde la pared por el retrato de su protectora), Arturo (el joven primo de Babar) ha hecho una "broma muy pesada" a un rinoceronte dormido (un cohete atado a su cola). Cornelio pide disculpas en un tono comedido, promete castigar al niño, etc. El rinoceronte no accede, y se pone amenazador. La guerra que sobrevendrá, y en la cual Babar afianzará su liderazgo y, en definitiva, la superioridad de la civilización sobre la barbarie, aparece originada así en un aspecto marginal, en la personalidad estrafalaria de los gobernantes y, de hecho, en su falta de civilidad.[11] Para explicar las luchas entre los animales (entre los americanos, los africanos, los asiáticos), se recurre a su estado salvaje. Estos "locos" magnifican los hechos más allá de su realidad: "Querían coger a Arturo para hacer un pastel de carne." Bastará entonces que los demás animales también se tornen razonables, "occidentales", para que no haya más encrucijadas. No se niega —como se ve— las luchas en ese continente donde llegan las formas europeas de vida: sólo que no están provocadas por los europeos, sino que, por el contrario, la aceptación de los modelos civilizados es la que permitirá superar el estado "bárbaro" de la guerra. Babar va a utilizar su ingenio, su capacidad estratégica, para hacer frente a la

[11]Todo sucede por casualidad en este mundo. Hay una concepción de los cambios como catastróficos, azarosos y en general impredecibles; muerte de la madre, encuentro con la caridad de la anciana señora, deceso del rey, y ahora la guerra de los elefantes. Nunca hay razones para que algo ocurra; se nebliniza en la magia, en los inexplicable, la cotidianidad férrea de los hechos.

fuerza bruta y a la crueldad: un elemento civilizado (la pintura) servirá para disfrazar a sus soldados y atemorizar a los adversarios. "Los rinocerontes, creyendo que son monstruos, huyen a la desbandada, aterrorizados." El atraso económico, la superstición de los salvajes, han sido decisivos: la técnica ha domado a quienes querían perseguir prácticas reñidas con la razón. Los elefantes, por estar armados (disponen de una técnica que los separa cualitativamente de sus enemigos), vencerán. La cercanía con los intereses occidentales y todo lo que representan, significa fortalecer el país y derrotar a los demás. En el dibujo, Babar monta a uno de sus propios súbditos, a uno de los elefantes, eleva sus manos en señal de victoria, mientras los rinocerontes (que se parecen notablemente en porte y color a los mismos elefantes) son encadenados. Luego se firmará la paz. El efecto inmediato, militar, ha expuesto la bondad del sistema, y prestigia el camino para el siguiente paso: poner esos conocimientos a elaborar un nuevo orden civilizado. Ha llegado la hora de construir la primera ciudad de los elefantes. Después de la guerra, una pacífica civilización idéntica a la europea. Los pasos de la colonización.

Los dromedarios "traen a Babar su gran equipaje y todo lo que compró en el país de los hombres durante su viaje de bodas". Mágicamente, la civilización entera cabe en esas cajas. Babar pronuncia un discurso: "Amigos míos, en estas maletas, fardos y sacos, hay regalos para cada uno de vosotros y todas las herramientas necesarias para la construcción de nuestra ciudad". Por primera vez, entonces, los elefantes se ponen a trabajar. Es el momento fundamental: los nativos construyen una urbe que obedece a planes europeos. El imperialismo penetra en África. Pero los elefantes "están felices". "Golpean, arrastran, empujan, cavan, echan, llevan y abren sus grandes orejas para escuchar los discos de la anciana señora." En el dibujo se los ve trabajando a cada uno por su cuenta, una armoniosa división de trabajo. Babar, en el medio, dirige las operaciones.

El resultado final es suave y meloso: cada uno de ellos tiene su bungalow de un piso. En los extremos, más arriba (subir, subir), hay una casa de dos pisos de Babar, y otra idéntica para la anciana señora.

En efecto; la anciana señora ha decidido quedarse con ellos. Pero ahora su figura se nos clarifica definitivamente: durante la guerra, ella funda (con Celeste) un hospital (con una gran cruz roja), donde trabajan "abnegadamente". Se acentúa el sentido caritativo de su intervención. Luego se la condecora ("ha hecho tanto para ellos y para los heridos"). En el dibujo aparece con un vestido monacal blanco y ya no nos puede caber duda: es el espíritu misionero en África (y en otros lugares). Su frágil y alargada figura, su maternidad sin hijos, sus gestos de caridad, su espiritualidad, configuran el catolicismo militante. Pero no hay referencia abierta a la religión: representa los valores cristianos sin mencionarlos. Habiéndose terminado la guerra, revierte a su papel original: la educación. "A menudo cuenta historias a los pequeños elefantes", que hacen rueda en el suelo en torno a ella. Aunque todavía no es el momento para analizar en profundidad el paternalismo en estas obras, es necesario advertir que los indígenas, negros, nativos en general, son tratados como "hijos" y el país explotador, como madre-patria, fuente y matriz de los bienes. Se enfatiza semánticamente que es la metrópoli la que da vida (luz) y hace nacer a ese pobre huérfano (el satélite); posteriormente lo cría, le entrega los instrumentos para que crezca y se eduque. La anciana señora resume en sí, por lo tanto, las características de la madre distante (abuelita, institutriz, tía, profesora, lo que se quiera). Esto se relaciona, además con la idea fundamental de que las naciones constituyen toda una gran familia. Veremos después que esto trae como consecuencia la idea de que el subdesarrollo es una falta de crecimiento (biológico), un estado anterior inferior a la madurez, y que, por lo tanto, basta con "despegar", progresar, para pasar a la siguiente etapa. Cuando Babar tenga más años va a ser idéntico a la anciana señora. Se legitiman también los lazos de dependencia emocional e intelectual. Es evidente, entonces, que la ideología burguesa prefiere rehuir —véase el caso de los patos, su familia de tíos, sobrinos, primos, novias, pero sin madres, hijos, padres— la imagen misma del *padre* en esta literatura. Es preferible un pariente más lejano, de figura más ambigua, que más que dominar otorga beneficios.

En efecto, entonces, se consolida la relación paternalista que tiende a crear en el "hijo" una dependencia psicológica, una eterna espera de orientaciones, valores, caminos, consejos y dádivas[12] y, para colmo, crea una situación tal que cuando el "vástago" quiera utilizar (si puede) la educación que le han dado para liberarse del yugo paterno o para examinar críticamente su propia situación, la relación estará siempre defendida por la "gratitud", por la "lealtad", por el "respeto a tus mayores", por las eternas hadas madrinas.

Babar (hijo) va a repetir con sus súbditos (y con sus hijos) lo que ha aprendido con su madre-patria, la fuente secreta, mágica, casi edípica, de su poder: los tratará como niños. "Hoy Babar cumple su promesa: a cada elefante le da un regalo y además vestidos resistentes para el trabajo y trajes magníficos para las fiestas." Es una economía —por ahora— sin dinero, pero ya hay una forma de deuda y pago. Los elefantes "regresan a sus casas bailando". Pero lo notable es el dibujo: por una puerta entran decenas de elefantes, masa amorfa, en cuatro patas, haciendo cola para recibir el obsequio: por la otra puerta salen en *dos patas,* a medio vestir, regalos en mano. Se ha terminado una etapa en la historia ideal: sin tropiezos, se ha creado una ciudad en los márgenes del tiempo, sin explotación o dinero. El baile será eterno.[13]

[12]Véase de Erik E. Erikson, *Childhood and Society,* Penguin, 1965. Por lo demás, otras características de la anciana señora permiten rastrear sus relaciones con el mundo real. Para Francia, su figura adquiere rasgos vagamente reconocibles: la efigie de Marianne, de Juana de Arco, de la Estatua de la Libertad (regalada a un país que se sacude sus ataduras coloniales), pero sometidos a un envejecimiento acaso producto de la preocupación por el bienestar y el distanciamiento de las relaciones inmediatas. Por otra parte, la tesis neocolonialista acentúa el papel neutro y mediador del Estado frente a los conflictos entre el monopolio que opera desde su propio país y los intereses de las naciones conquistadas. Su severa benevolencia aparece así incontaminada por esos elementos perversos.

[13]Siempre bailan los elefantes. Como la teoría racista acerca de los negros, que sirven "para eso", que descuellan en la música y en los deportes. Véase de Eldridge Cleaver, *Soul on Ice,* Dell, 1968.

Pero su día ya aparece dividido en dos enfatizado por dos tipos de trajes: el ocio y el trabajo. Los regalos que han recibido sirven para aumentar su dependencia, para sacarlos de su estado "bárbaro", pero con su entusiasta consentimiento. El resultado será una fiesta el día domingo: pero habrá que trabajar ahora toda la semana para preparar la ocasión.

Con la ropa, viene la fragmentación de los elefantes. Los jóvenes van a la escuela, los más viejos "han escogido un oficio". Es algo voluntario, que lleva implícito un gran gusto: la división del trabajo aparece como necesaria, algo que los beneficia a todos por igual en una sociedad de trueques de servicios. "Si Cojuelo tiene los zapatos rotos se los lleva a Trapillo y si Trapillo está enfermo, Cojuelo lo cuida. Si Barbacol quiere poner una estatua sobre su chimenea, le pide una a Palmiro y cuando la chaqueta de Palmiro está usada, Barbacol le corta una nueva a medida. Justiniano pinta el retrato de Picholo, el cual le defiende contra sus enemigos. Cachumbo limpia las calles, Olur repara los coches y cuando están cansados, Dulzón hace música."[14]

El modelo que propuso Babar ha tenido efectos satisfactorios: el bienestar y la felicidad de su pueblo son evidentes. El mito arcádico se ha concretizado: la vida santa y natural de los salvajes, obteniendo todas las utilidades del progreso técnico, combina la moralidad y la civilización. Ese espacio privilegiado condensa Europa y su nostalgia, elimina los roces entre países desarrollados y los subdesarrollados, entre explotados y explotadores. Los valores urbanos no han derruido a la naturaleza, la han perfeccionado; los salvajes se han incorporado al mundo burgués indoloramente, tal como la mitología imperialista lo había proclamado siempre. La intervención europea ha sido *todo un éxito*. El disparo que mató a la madre de Babar, hasta las jaulas en que estuvieron encerrados después (ni qué hablar de esos malvados y primitivos rinocerontes que hicieron la guerra por estupideces), son cosas del pasado: han tenido como consecuencia algo excelente, milagroso: el de-

---

[14]Eso sí: Babar juega tenis con Picholo y su señora, es decir, se mantiene en buenas relaciones con los militares y con nadie más.

sarrollo y la armonía de los elefantes. Así, la idea básica detrás de Babar es que no existe tal subdesarrollo, no existe ya colonialismo: sólo hay países atrasados que, al imitar a los países más "avanzados" ("crecidos"), al importar técnicos y ponerse a trabajar en forma, al internar profesores extranjeros, lograrán nivelarse. Es un modelo a seguir, es un experimento victorioso. Y fundamentalmente ha sido así porque lo han realizado los *elefantes mismos*. No hay necesidad de ocupar militarmente esos países (lo que significa, además, un enorme gasto), no hay para qué tener dominio político directo. Basta mantener un dominio económico, técnico, basta una burguesía dependiente. Es la tesis neocolonial.

Esta teoría ha quedado descrita por Basil Davidson:[15] hay que crear una clase media que facilite el paso desde el estado salvaje a la civilización, pero cuya función consista, en efecto, en garantizar que el sistema económico de las ex colonias siga siendo un fragmento dentro del sistema capitalista mundial.

> Casi siempre —escribe Davidson— los grandes Poderes coloniales lograron su objetivo. En una y otra colonia, aseguraron que el poder debía ser entregado a los jefes (caciques) tradicionales, miembros de las pequeñas élites educadas, que estaban aliadas a los grupos de empresarios nacionales, graduados en las universidades, que ambicionaran carreras personales en que se emularía la superioridad de Oxford o París u otras por el estilo. Los gobernadores coloniales naturalmente no miraban con ojos ciegos las deficiencias de "sus africanos"; simplemente argumentaban, pero hablando con cuidado, que "éstos son los mejores que podemos hallar". Habiendo hallado a estos "mejores", hicieron todo lo posible para asegurar que este "gobierno por una élite" debía prolongarse. Las instituciones políticas nativas eran torcidas o se les envolvía en simulacros de sistemas parlamentarios copiados de los modelos londinenses o parisinos, y simultáneamente se desarrolló una tremenda propaganda tendiente a convencer a los africanos de que la esencia y la finalidad de la higiene mental política se encontraba dentro de estas formas de democracia, y de que cualesquiera otras formas eran inferiores, imposibles o conducentes al "comunismo."[16]

[15]"What's wrong with Africa?", en *International Socialist Journal*, Milán, 1, 4, agosto 1964, y del mismo autor, *The Search for a New Society, Which Way Africa?*, Penguin, 1964.

[16]Davison, *op. cit.*, p. 482 (traducción propia).

El crecimiento de Babar sigue muy de cerca el desarrollo de una burguesía dependiente. Por eso reviste especial importancia que nosotros, desde un país dependiente, analicemos y descodifiquemos su ideología. Imitar a Babar, en Chile, significa internalizar los modos emulatorios adecuados para seguir progresando, para llegar a ser "rey"; es aceptar una determinada teoría del desarrollo y del subdesarrollo: necesidad de los modelos extranjeros, desprecio de la realidad atrasada, deseo de educarse de acuerdo con esos modelos (modernizantes y finalmente tecnocráticos), comprensión de que mientras más se aproxima uno al centro se está más ligado al poder y a la verdad, y de que no hay otro modo de avanzar sino convirtiéndose en USA o en Europa, de que es preciso adoptar una actitud caritativa, sentimental, paternalista, frente a los desposeídos y a los más "débiles", y de que en un mundo jerarquizado todo funciona bien.

Pero ante todo, la consigna fundamental es no ver el subdesarrollo como el producto del desarrollo de otras naciones, no ver la pobreza y la riqueza como los dos lados de la misma cara, los dos resultados de un mismo fenómeno. El subdesarrollo, sus problemas, sus dificultades, sus miserias, se parecerían a la turbulencia que sufrió Europa en la transición del feudalismo al capitalismo: es una etapa "normal" dentro del "crecimiento normal" de una nación. Según W. W. Rostow, bastará que maduren esos países, que se integren más (que sigan comprando bienes de capital) al sistema occidental, que "arranquen", que " despeguen", para que la crisis del crecimiento (*growing pangs)* desaparezca. No es el sistema el responsable (si lo fuera habría que romper la dependencia y marginarse del sistema capitalista mundial como única solución); hay que realizar ciertas reformas ("Alianza para el Progreso", un "Plan Marshall" para África, la "vietnamización" del conflicto) que destruirá la estructura "feudal" (léase primitiva, pasatista, precapitalista) y que permitirán que la civilización florezca. Escribe Lincoln Gordon:

(...) los núcleos de industrialización ya importantes, la gradual consolidación de la clase media y la formación de un grupo de empresas llenas de vitalidad, aunque a menudo indisciplinadas, son realidades que permiten esperar que, mediante un esfuerzo de cooperación bien organizado, la mayor parte de América Latina pueda equipararse económicamente con el mundo moderno en el plazo de unos diez años.[17]

Lo escribió en 1959-60.

Esta teoría, como han probado los sociólogos marxistas,[18] refuerza los lazos de dominio, intensifica la explotación. Hay que tener paciencia, sugieren los dominadores: cuando surja una clase media madura, se habrá terminado la etapa "adolescente" de los subdesarrollados.

La idea de que los países cambian como los organismos, de que siguen las mismas etapas de crecimiento que los seres humanos (nacimiento, niñez, adolescencia, madurez, etc.), aquejados por los mismos tipos de dificultades y problemas (violencia, enfermedad, dominio, desequilibrio, etc.) como producto del crecimiento,[19] nos ayuda a encontrar la clave que permite apreciar la estructura fundamental de Babar y la de casi toda la literatura infantil de nuestro tiempo. Para resumirlo en una palabra, la forma básica de la dominación ideológica será el uso de la ino-

---

[17]Lincoln Gordon, "Abrazo versus Coexistencia. Otros comentarios", en Controversia sobre Latinoamérica, dirigido por Alberto O. Hirshman, Buenos Aires, Editorial del Instituto Di Tella, 1963. El libro de Rostow es The Stages of Economic Growth. A non Comunist manifiesto, London, Cambridge University Press, 1960. Las etapas que distingue: "the traditional society; the preconditions for take off (despegue); The tage-of; the drive to maturity; the age of high mass consumption". La relación entre biología y economía son evidentes, así como los términos extraídos de la jerga aeronáutica. Babar vuela con las alas de Rostow.

[18]Gunder Frank, Cockroft, Johnson, Economía política del subdesarrollo en América Latina. Buenos Aires, Signos, 1970; Petra and Zeitlin, Latin América, Reform or Revolution? A reader., Facett, 1968 (editada en español, Tiempo Contemporáneo. Buenos Aires, 1973.) Theotonio dos Santos, El nuevo carácter de la dependencia, CESO, Univ. de Chile, 1968.

[19]"From the newly constituted League of Nations they accepted the duty of governing then (a los países africanos) as a ' sacred trust of civilization' until such time as they were able to stand on their own feet in the ardous conditions of the modern world." Page, A short History of Africa, Penguin, p. 210. Véase también de Romano Ledda, "Africa: a stage of transition, Social clases and Political Struggle", International Socialist Journal, Milán, IV, no. 22, pp. 560-580, agosto de 1967.

cencia para *des-realizar* y conciliar las contradicciones del sistema.

Ya dijimos que mediante los elefantes se incorporaba al niño pedagógicamente a los valores tradicionales. No sólo se nos avisa de qué manera beneficiosa África (o cualquier otro sector salvaje) ha sido elevada por la civilización, sino que también se demuestra de qué manera seres inocentes, juguetones, ignorantes, cariñosos, ingenuos —en fin, niños, en fin, elefantes—, son recluidos en el mundo de los grandes y tienen un lugar en él. Paralelamente al esquema histórico del país de los elefantes, se desarrolla un mensaje psicológico-social: tal como los elefantes se han adaptado al mundo, y han crecido, así el niño también lo debe hacer. Y se le asegura que no tiene nada que perder; puede ser adulto sin renunciar a su calidad de niño, tal como en la utopía de Babar se puede ser africano y europeo, hombre y animal, desarrollado y subdesarrollado, se trabaja sin explotación y sin dinero. ("Antes de dormirse Babar piensa en ese hermoso día. Trabajaremos con alegría, se dice, y así continuaremos siendo felices.") Es posible ingresar al mundo responsable de los adultos, sin privarse de las garantías de la niñez. Es posible iniciarse en el mundo europeo sin perder la naturaleza.

El espacio en que se perpetúa esta literatura aparece como esencialmente *inocente:* se vive tribalmente, sin dinero, las relaciones entre las personas son simples y edénicas, se habita en la proximidad de lo natural (entendido también como ingenuo, inmediato, sin artificios ni complejidades) y todo esto se conecta con uno de los grandes mitos humanos, el de una edad de oro, un espacio uterino, una matriz paradisíaca. Se fomenta entonces un escenario, que corresponde a la infancia, y dentro de éste los animales posibilitan la identificación y la proyección necesarias. El niño aprende así —por medio de un *alter ego* elefante, pero que puede ser perro, oso, león, pájaro— a admirar las formas civilizadas, paternalistas, el trabajo, la educación, etc., como si él fuera también otro animalito (otro colonizado), otro pequeño salvaje que precisa fructificar. Se aprende las costumbres del mundo al imitar la evolución de los elefantes: éstos comienzan en un estado primitivo, gatean (cuatro patas), van madurando, se ponen ropa, luego trabajan, adquieren responsabilidades. Los cambios en el orbe infantil, en las etapas de crecimiento de todo individuo, coinciden con las transformacions en el mundo mismo de los elefantes. Pero por medio de esta identificación, de este puente inocente, él adquiere una visión seudohistórica, se le introduce en un esquema previo acerca de la dialéctica, en un modo de comprender desde ya el mundo en que él vive (prejustificación de una historia que él todavía no conoce, pero que ya tiene ubicada, interpretada y clavada cómodamente en su lugar).

La inocencia es así el sustrato habitual que posibilita el dominio ideológico: las etapas de la penetración colonial, las etapas de asunción del nativo de la civilización occidental como norma de perfección, las mismas etapas en que el niño legitima esa civilización y se deja enjaular dentro de los límites de su sistema, forman un todo indiviso, confundiéndose por el procedimiento de la inocencia, inocencia económica, inocencia sexual, inocencia casi metafísica, natural. El niño no sospecha del animal (el adulto tampoco): la confianza que los animales depositan en el sistema se traduce en la confianza que sienten los niños frente a los animales.

El mundo de los adultos puede conservar, al permearse de ingenuidad, todas sus características dominadoras esenciales, puede ser traspasado al niño e internalizado sin crear anticuerpos de rechazo. El niño ingiere en bloque el mundo mismo, el sistema y su bondad necesaria, las formas de su funcionamiento, y esto le permitirá fluir por las vías de la socialización: el niño se prepara para funcionar, para ser adulto, para ser Babar; para comprender que esa colonización (de sus padres, de las naciones más avanzadas) es altamente beneficiosa para quienes la reciben, que esas naciones salvajes (una de las cuales bien puede ser la suya) están en una relación sumisa y excelente frente a la madre-Europa, y que cualquier tipo de dependencia (la suya con los valores de sus padres) es igualmente magnífica, y que él —elefante— continuará gloriosa e ininterrumpidamente la labor que comenzaran sus antepasados, anciana señora, abuelita, institutriz, madre iglesia. Se ha confundido la vida psicológica individual con la vida histórica de las naciones, y el resultado es una estructura paralela de dominación en ambas. Tal como él ha sido tratado como un niño para su propio bien, así a los indígenas hay que... así a las naciones atrasadas... Los subdesarrollados son niños (y no consecuencia de un sistema imperialista mundial), que sólo necesitaban educación, sólo necesitaban técnica para acceder al mundo occidental y cristiano y adulto. Las contradicciones y los cambios quedan explicados así al biologizar las etapas sociales. El modo en que el niño crezca, fomentará en él la idea de que la maduración de los pueblos-idénticos-a-niños será similar, seguirá los mismos auspiciosos cauces: el sistema colonial y el sistema familiar se refuerzan mutuamente.

La inocencia de ese mundo aparece de esta manera como el armazón que posibilita todas las demás inversiones y ocultamientos. En los animales puede desarrollarse —sin sus contradicciones— la historia de los hombres; dentro de los límites de lo "natural" se mueve la sociedad. El niño se encuentra en el grado justo de alejamiento y de cercanía respecto a los modelos: intuye que son seres humanos, pero sabe, al mismo tiempo, que no lo son. Esta primera fusión de naturaleza y sociedad, de animalidad e historia, es el paso introductorio para la simplificación posterior de las tensiones reales, la unidad de ciudad y campo, desarrollo y subdesarrollo, Europa y África, el orden y la libertad, el trabajo y la alegría. Se han resuelto las contradicciones; hemos arribado al final de la historia humana: no es esencial que el socialismo realice *en los cambios dialécticos* la superación de los antagonismos, su síntesis, porque en realidad —tal como los hombres son elefantes y los elefantes hombres— no hay tal antagonismo, no existe tensión irreconciliable.

Y de ahí también el nombre del protagonista: *Babar* recuerda lo infantil (el balbuceo, la tartamudez, la repetición ingenua de sílabas), pero es también un modo de referirse a Papar, al padre, al modelo futuro y admirado. Y como si esto fuera poco se le une la idea de bárba-ro (*barbare*, en francés), un bárbaro al que le falta una *r*, un *casi-bárbaro*, un semi, un quizá, un quién sabe. Y, a su vez, la grafía con que se escribe el cuento aparece igualmente inocentada: redonda, un poco vacilante, cuidadosa, casi arquetípica de un niño chico, pero de un niño que ya ha aprendido a escribir.

Hay múltiples otros métodos de conservar la inocencia de esa figura paternal. Entre ellos, el más notable es un constante revolotear de pájaros en torno a Babar, una espiritualización suave de su figura, una bendición de alas. Es algo así como —salvando las distancias— el círculo de violines en torno a la alumbrada cabeza de Cristo en la *Pasión según San Mateo* de Bach. Siempre el dibujo va a estar comentando el mensaje, reafirmándolo pictóricamente.[20]

Pero no ha terminado todavía la narración. Falta una última etapa, que durará eternamente. En el desfile de aniversario de Villaceleste se ve a los elefantes disfrazados con trajes de todas las épocas y países: mosqueteros, soldados romanos, napoleónicos, lanceros, boyscouts, etcétera.

Recordemos que los elefantes no tienen un pasado cultural propio, ya que antes de la llegada de Babar vivían primitiva e ingenuamente en el seno cíclico de la naturaleza, respiraban el paraíso sin tiempo y sin problemas, en que un día era idéntico al próximo. Pero al tener un presente modelado sobre Europa, al iniciarse la colonización y asimilación, se salta a otra etapa: hay que adscribirse al pasado europeo, inventar una *historia* elefántica que sea una historia humana. El país de los elefantes pierde su ser de colonia, su dependencia, al anular la conciencia y el conocimiento de su situación peculiar: desea ahora ser totalmente asimilable a Europa, porque al borrrar el pasado de los elefantes y sustituirlo por uno europeo, se cancela también toda la etapa anterior, se elimina toda referencia al hecho de que un elefante huyó una vez a la ciudad y volvió prometeicamente con la civilización y que tuvieron una guerra con los rinocerontes y fueron enjaulados y todo lo demás.

[20]*Véase en Umberto Eco, Apocalípticos e integrados ante la cultura de masas,* Lumen, la sección "El lenguaje del comic", pp. 169-176, 1968.

El país de los elefantes no es una mera órbita de Europa; es uno más de los centros que se consideran herederos de la universalidad de la cultura occidental. No basta con adoptar la actualidad de Europa (por ejemplo, industrias, etc.), sino que es imprescindible abolir la historia propia y vivir la de los colonizadores.

Y por eso, simultáneamente, nacen (de una vez, para evitar preguntas) los tres hijos de Babar; la primera generación que se gesta en el ámbito civilizado. Ese pasado ficticio se contruye para los niños, para los herederos del reino. Es un mundo europeo, radicalmente distanciado de la infancia de Babar: sus travesuras, accidentes, juguetes (tienen leones y jirafas en miniatura), son de seres humanos. En el camino hacia el castillo de Bellatrompa se ve un paisaje absolutamente europeo: un tractor, un avión, un *stationwagon* último modelo, un camión. La mecanización del país de los elefantes implica —para el autor— suprimir el pasado, desteñir lo salvaje.

"En el majestuoso vestíbulo, los niños admiran los retratos de los antepasados. Oh, qué mosquetero tan airoso, dice Arturo. Yo prefiero el romano, dice Céfiro." Pero nosotros sabemos que, dado el paso de Babar desde un estado primordial a gran cultor e importador de la civilización, es imposible que sus antepasados sean romanos, renacentistas o dieciochescos. Eran, simplemente, elefantes. Tal como a las razas subyugadas se les impone la historia occidental como propia, como *suya,* cuando en realidad su historia es la de una dominación socioeconómica despiadada, de igual manera se borra el camino que recorrieron los elefantes para marchar hasta este estado civilizado. Se hace imposible que los elefantes chiquitos (y los lectores igualmente chiquitos) siquiera vislumbren el proceso de *cambios* que se necesitó para que el "progreso" llegara a ese país. Se borran los libros anteriores, hasta esa seudohistoria ficticia queda subsumida dentro de los cánones temporales europeos. La falsificación que Babar verifica de su propio pasado, que, a su vez, ya era una idealización (la historia rosa de la conquista y la explotación), corresponde a una burguesía dependiente que termina por eternizar, destemporalizar, las raíces de lo real. Los niños de Babar (y los lectores) aprenden la historia de Europa como propia, pero de esta rememoración se ha eliminado toda referencia al resto del mundo, con cuyo dominio el capitalismo desarrolló algunos países y enanizó a otros. Los elefantes se hacen hombres, y no se preguntan sobre su extraño, híbrido ser de elefantombre. Somos "los ingleses de Sudamérica", "la Suiza de América". Esta necesidad ha sido descrita magistralmente por Fanon y por Cleaver: la mentalidad neocolonial y racista desea establecer una relación de dependencia en que los explotados actúen como niños y sean amados como tales, como... elefantes.

> Todo pueblo colonizado escribe Fanon[21] —es decir, todo pueblo en cuya alma ha sido creado un complejo de inferioridad por la muerte y entierro de su originalidad cultural local— se encuentra cara a cara con el lenguaje de la nación que emprende la civilización: la cultura de la nación-madre. El colonizado es elevado por encima de su *status* selvático según adopte las normas (los *standards*) culturales de la nación-madre. Se vuelve más blanco a medida que renuncia a su negreza, su jungla.

Detrás de Babar se palpa, entonces, la teoría racista con que el capitalismo ha justificado antropológicamente su predominio: el hombre de color necesita al blanco, hay un deseo subconsciente de ser aplastado y de entregar la personalidad. Como la mujer necesita al hombre y desea ser subyugada, poseída; como el niño esencializa al padre. Relaciones todas que se reiteran en los libros y repronuncian la tesis central.

Así Babar, su familia y su reino entran al territorio cierto de la estabilidad eterna, del progreso sin cambios. Desde ahora en adelante, el mundo será invariable. Al asimilarse totalmente a la normatividad burguesa, se invalida toda posibilidad de transformación, porque ni siquiera las raíces falsificadas existen: cada incidente, como en las teleseries, como en las fotonovelas, como en las historias cómicas, como en la mayoría de los productos de consumo masivo ena-

[21]*Peau Noire, Masques Blancs,* París, Editions du Seuil, 1952.

jenante, se asemeja estructuralmente al próximo y al anterior, es uno más en un encadenamiento de identidades dentro de una totalidad inmóvil. Toda la evolución de Babar ha sido creada con el propósito final de actuar como si no existiera, para arribar a una situación ideal, idéntica a la de otros personajes, como Donald, Porky, Woody, etc. Por eso el caso de Babar es especialmente interesante: recorre los caminos que los otros animales de historietas no han recorrido (aquéllos son atemporales, asexuales, su país no avanza ni retrocede, nunca nacieron, no tienen padre ni madre), para terminar igual que ellos: al ignorar su historia, las etapas de su génesis, se asimila al Pato Donald o al que sea, se hace idéntico a él, y por lo tanto las narraciones que se van a reproducir en ese espacio mítico, ahistórico, no serán diferentes de las que ocurren en otras historietas. Por eso, Babar, puede ser transformado en una revista mensual, en una serie de televisión.

El milagro se ha completado: los elefantes son europeos y tienen estatuas mitológicas griegas, querubines, sátiros, sirenas, con forma paquiderma. *África* ha sido olvidada. Pero sin duda que los elefantes siguen siendo inocentes, buenos, y un poco marginales, ya que en eso estriba su particular valor. El autor enfocará, desde ahora en adelante, aquellos momentos en que los elefantes adopten tal o cual valor específico occidental, y que sirve así como un modo de enseñar al niño-lector a aceptar, aprender, también esa característica. Se borra lo salvaje en lo que tiene de etapa histórica, pero no en cuanto sustrato que facilita el aprendizaje del aparato y los procedimientos del dominio.

Un ejemplo, *Babar y el Papá Noel*. Los elefantitos se enteraron del modo en que los niños de otros países celebran la Navidad. "¿No les parece que le podríamos escribir para que también viniera (al Papá Noel) a nuestras casas en el país de los elefantes?" Pero el Papá Noel no responde y debe intervenir Babar. "¿Cómo no se me había ocurrido antes? Yo mismo iré a pedir al Papá Noel que venga al país de los elefantes". Sigue la pista hasta llegar a entrevistarse con el visitador navideño: "Babar le pide que vaya a su reino a repartir juguetes a los elefantes pequeños, lo mismo que hace con los niños de los hombres". Después de llevarse al Viejo al país de los elefantes, donde éste descansa al sol, viene la recompensa: queda delegada en Babar la responsabilidad. ("¿Sabes qué hay dentro de esta bolsa? ¡Un traje de Papá Noel a tu medida! Un vestido mágico, que te permitirá *volar* [subrayo yo] por los aires, y un cesto siempre lleno de juguetes. Tú me sustituirás por Nochebuena en el país de los elefantes . Te prometo volver cuando haya terminado mi trabajo y traerte un hermoso árbol de Navidad para tus hijos.") Babar importa, y luego encarna, el modelo extranjero, que naturalmente es solicitado por todos los niños (elefantes y humanos) porque trae consigo beneficios y dádivas. El paternalismo se acentúa, se internaliza el hábito internacional: acceder a la felicidad y al bienestar es mimetizarse con el "país de los hombres" hasta que no haya alteridad. El gran Padre Blanco se fusiona con el Gran Padre Rey de los elefantes y se prestigian mutuamente. Para los niños (para los animales) el representante del Papá Noel, y por lo tanto de la magia, del mando sobre los aires, del paraíso de regalos y granjerías, del poder, el representante de la caridad extranjera y el canal por el cual llega, el que asegura la continuación de la infancia para siempre, es Babar, jefe, padre, civilizado, triplemente poderoso. Dios.

Babar es y no es el Papá Noel: otorga dones pero su traje es un disfraz extranjero. Los niños intuyen que la verdadera fuerza de Babar reside en mantener una relación adecuada, cariñosa, con el país de los hombres. Los seres que vienen desde afuera se hacen indispensables, tanto para el progreso económico del país de los elefantes, como para el bienestar psicológico del lector, que ya se ha apropiado de su papel en la estructura del poder (padre-hijo, metrópolis-satélite, rigidez-instinto) y que espera ver concretizado y verificado a cada momento el mismo sistema. La repetición crea el hábito mental y todo confluye a crear un niño —y un futuro hombre— neutralizable.

Así, llegará desde "afuera" el profesor Grifatón, hermano de la anciana señora (sigue la gerontocracia): traerá una serie de novedades, cada una más admirada por los elefantes. Sale a cazar mariposas para su colección: es el intelectual (o el tecnócrata) que viene a explicarles a los nativos las riquezas que tienen y cómo las deben aprovechar. En el dibujo vemos libros, un microscopio, una serie de instrumentos científicos, en la pared dibujos geométricos y una reproducción de Picasso. Ese espacio es Europa, pero siempre un poco rezagado, siempre ligeramente animal lo suficiente para que siempre se importe la técnica, la ciencia, el arte, el progreso de Europa, la *citroneta* último modelo. Los pequeños lectores, un poco rezagados también, se identificarán con los elefantes y especialmente con los niños de los elefantes, y encontrarán también admirables esos ideales, la necesidad constante de modernizarse, de estar al día, de la tecnocracia como solución a los problemas.[22]

Se descubre una cueva. Será el profesor Grifatón, con su espíritu emprendedor, quien incite a explorarla. "Esta cueva me interesa mucho", dice el profesor Grifatón. "¿No opina Ud. también, querido Babar, que deberíamos explorarla?" Y salen en expedición, provistos de un equipo moderno (cascos, linternas, etc.). Pero no termina aquí el asunto. Al encontrar un río subterráneo, "Querido comandante", dice el profesor Grifatón (nótese la cortesía, cierta condescendencia paternal, distancia y cariño, cierta paciencia, en la voz del profesor), "¿no sería estupendo que todos los elefantes pudieran pasearse con lanchas a motor por el río subterráneo? Se me ha ocurrido la idea de construir un barco de recreo". Siempre las ideas son aceptadas con un "Bravo", "Viva", "Sí, sí", fórmulas interjeccionales fijas que reafirman el asentimiento y la imposición. Un barco es el resultado: "propulsión atómica con ruedas a paleta". Nuevamente la técnica más avanzada (lo atómico) se junta y se inocencia, con la nostalgia de una época anterior, de un mundo incontaminado y plácido (las paletas).

Pero, en definitiva el propósito del profesor Grifatón es el *turismo;* el lugar apartado se acopla al sistema económico mundial, convirtiéndose en un rincón de alegría y esparcimiento. Sin industrializar el país, y además manteniéndolo en un estado "exótico", "conservándolo", se co-

[22]Sobre los modelos tecnocráticos, véase de Armand Mattelart, Carmen Castillo, Leonardo Castillo, *La ideología de la dominación en una sociedad dependiente,* Buenos Aires, Signos, 1970.

mercia con su naturaleza y sus tradiciones antiguas. Se lo *desarrolla,* es cierto, pero es el desarrollo de la fotografía: el país es sublimado dentro de una tarjeta postal, un *souvenir,* un "recuerdo de Chile", y los habitantes —para conseguir el dinero de los turistas— deben acomodarse a ellos y ajustar su paisaje (sus recursos naturales) a las demandas de las agencias de viajes, deben leerse a sí mismos a través de almanaques, enciclopedias, guías, manuales (de cortapalo).

El plan es un éxito. "Y por la noche, en el salón de fiestas, Cornelio condecora al profesor Grifatón, con la orden del mérito, como bienhechor de Villaceleste". Los servicios educativos, hospitalarios de la anciana señora, ya recibieron su recompensa; ahora le toca al portador del Verbo Científico.

Se moderniza —a medida que pasa el tiempo— la forma del dominio. "La última invasión ideológica", escribe Gunder Frank,[23]

> propone que la "pericia" y la tecnología norteamericana pueden resolver todos los problemas de los pueblos del mundo, con sólo dejar que los yanquis las apliquen sin intromisión. En la industria esto significa inversiones extranjeras y un grado más alto de monopolización... y desempleo. En la agricultura significa métodos de cultivo, semillas, fertilizantes, maquinaria agrícola, etc. de Estados Unidos ...y producción de abonos y máquinas por la Standard Oil y la Ford. Para la población, significa control de la natalidad mediante píldoras anticonceptivas y medicamentos... y compañías farmacéuticas. Para la cultura significa el *american way of life* en todo, a través de medios de expresión "masivos", de la educación "popular", de la "ciencia", de la estadística electrónica, etc. La gran burguesía latinoamericana acepta todo esto sobre una base de socio menor. Los elementos "nacionalistas" de la burguesía y parte de la pequeña burguesía rechazan la participación "norteamericana", pero aceptan la tecnología, diciendo que la aplicarán ellos mismos... y mejor.

Y los niños, ¿qué dicen frente a esto? "En casa, los niños ven la fiesta (la condecoración) por televisión, en compañía

[23] "Subdesarrollo capitalista o revolución socialista", en *Pensamiento crítico,* La Habana, no. 13, pp. 3-41, febrero, 1968.

de la anciana señora. Están muy emocionados y aplauden estrepitosamente".

Así, los libros de Babar nunca pierden la oportunidad de acentuar el paternalismo y si bien a veces salen levemente ridiculizados los mayores, por lo general hay una tendencia hacia la adoración de los padres y de su civilización. Se afirma una trascendencia divina (Dios) que otorga validez y sentido al mundo. Se rechaza la libertad, la no-dependencia.

Pero esto significa que los vínculos de dominio se pueden hacer claros sin mayores problemas: la misma rebeldía del niño terminará por desmentir las relaciones que se establecen en el mundo de Babar, por inocente que sea la eterna jerga de la sumisión.

Por eso, antes de terminar, sería interesante mostrar, aunque sea brevemente, una forma de dominación en la literatura infantil que resulta más escondida y sutil, y por lo tanto más peligrosa: una inversión ideológica total. He escogido, para este efecto comparativo, un episodio de la azarosa vida del Pato Donald (Nº 434 de *Disneylandia*).

En los primeros cuadros se nos presenta una reunión del "club de padres previsores de Patolandia". "Es deber de todos los padres velar por la seguridad de sus hijos", asegura una mujer mastodonte y anticuada encima de un estrado. Entre el público destaca el Pato Donald, que asiente: si estuvieran en peligro sus sobrinos, "recurriría a mi extraordinaria fuerza y habilidad para rescatarlos". Y ya tendrá una oportunidad para poner en práctica sus conocimientos y prevenciones: están por viajar a Sudamérica ("llena de peligros"). Aparentemente, estamos ante una actitud paternalista semejante a la de Babar. Sin embargo, el mundo de los adultos está satirizado ya en la primera escena, y especialmente Donald. Todos los grandes son ridículos, turnios, arcaicos, falsamente solemnes; sonríen idiotamente, adoptan posturas rígidas, están reunidos para un propósito evidentemente absurdo, grotesco. Son caricaturas de padres, chanchos, perros, seres humanos se mezclan. Y el peor es Donald: todo lo que él propone (fanfarronadas, lugares comunes, respuestas "correctas") está ironizado por su esmirriada figura (sus patas no llegan al piso), por su imbécil rostro, por su obsesión fija.

En efecto, los próximos cuadros prueban esta intención crítica sobre el mundo de los adultos: mientras los sobrinos quietamente contemplan el muelle que se aleja, Donald (vociferando que él salvará a los niños si corren algún riesgo) se balancea sobre la cubierta. Al caer Donald, son los niños quienes lo salvan a él. Esta situación se va a repetir hasta la saciedad. Donald es torpe, arriesgado, cobarde, se equivoca a cada paso, es imprevisor, egoísta, desordenado, y los niños deben rescatarlo de las situaciones más inverosímiles. Es un mundo al revés, subrayado por las cuatro o cinco veces en que Donald sale dibujado con sus patas para arriba (cayéndose, flotando, semiahogado, etc.). El adulto no sirve para nada, pese a sus palabras, su grandilocuencia, a sus gestos exteriores. Son los niños quienes representan, en ese mundo, la bondad y la inteligencia.

La estructura del relato coincide aparentemente por lo tanto con la crítica que realizan los niños y los jóvenes actuales frente al mundo de los adultos. En toda la obra de Disney los seres pequeños (ardillas, el lobito feroz, Dumbo, los ratones Gus y Jacques, los chanchitos, el perro Pillín) son más maduros que sus mayores y siempre salen triunfantes. Los lectores, por lo tanto, pueden sentir que aquí se lleva a cabo la aventura ideal del marginado: los que tienen el poder son excéntricos, estrafalarios, fracasados, testarudos, tontos. Uno de los propósitos de la forma cómica[24] es hacer sentir el peso social sobre estos entes que no cumplen con sus deberes, que son una pura fantasmagoría.

Sin embargo, habiendo logrado la identificación del lector y de los patitos, es necesario preguntarse, en efecto, ¿desde dónde se ejerce la crítica de las tonterías del Pato Donald, desde qué objetividad y norma? Primero, desde sus propósitos mismos que no se discuten, y que no se cumplen: la necesidad de un orden que proteja a los indefensos contra el peligro. Y segundo, desde las acciones res-

[24]Para un análisis de lo cómico, véase mi estudio, ''La muerte como acto imaginativo en *Cien años de Soledad*'', en *Imaginación y violencia en América*, Santiago, Universitaria, 1970.

ponsables de los sobrinos: ellos son todo lo que él debería
ser. Racionales, previsores, generosos, sabios, planificado-
res, valientes, responsables, en una palabra, paternales.
Ocurre entonces que el Pato Donald, con la forma del adulto, es, en realidad, un niño, y que los patitos, con la forma
del niño, son, en realidad, adultos. El niño ataca a un Pato
Donald que representa todas las características infantiles;
el niño se identifica con los sobrinos que simbolizan todas
las características adultas. Los sobrinos, por ejemplo,
tienen a su haber el "manual de los cortapalos", donde toda la realidad (entre esa realidad, está Sudamérica) se encuentra definida y recetada. No hay nada que descubrir en
el mundo. ya todo está escrito,[25] todo ya se ha conocido.
Basta entonces aplicar la nomenclatura prestablecida,
tecnocratizar el universo, conocer la página de una en-
ciclopedia para que desaparezcan los problemas y los peligros. El azar (gran protagonista aventurero de estas historietas) queda subordinado a la racionalidad y el orden: si
Donald se adscribiera a estas categorías ya no sería risible,
ya no habría una discordancia en el mundo. Podríamos seguir enumerando características. Pero lo urgente no es el
análisis profundo en este instante. Importa anotar de qué
manera se ha realizado *una inversión*.

El niño participa en el dominio de sí mismo, en la crítica
de sus postulados, y valida los rasgos paternalistas del universo al identificarse con niños que son, en realidad, los
adultos. Las energías que tienden a ser rebeldes, y que deberían destruir el orden existente, preguntándose por el sentido
contradictorio del mundo, se aprovechan para neutralizar
a un ser desordenado, se canalizan para reafirmar las
categorías dominantes de la sociedad. Es permitido que
Babar critique a la anciana señora, que se independice,
que viva su propia vida, que su país se libere; pero siempre que
lo haga en el nombre oculto de los valores que representa la
anciana señora, siempre que él asuma la representación
auténtica del mundo occidental y cristiano. En pro del or-

[25]El mundo sería una signatura previa, donde la mitología es posible.
Véase Michel Foucault, *Las palabras y las cosas*, México, Siglo XXI, 1968.

den existente, los sobrinitos de Donald deben regir la situación. Cuando sean adultos, cuando crezcan, no repetirán los errores desordenados de sus mayores. Seguirán progresando, subiendo de sargento a comandante, a general del Club Disneylandia, de los cortapalos, trepando masivamente, pequeños pero cumplidores.

Detrás de Babar, detrás del Pato Donald, detrás de las multiplicaciones de literatura infantil en los países capitalistas, hay una única visión burguesa, un único propósito claro: convencer a los dominantes y a los dominados de la bondad del sistema y legitimar las formas en que éste pudiera ser alterado sin amenazar el orden existente. En nuestros países dependientes esta literatura adquiere una función particularmente nociva, ya que sus preconceptos básicos coinciden con el modo en que fuimos colonizados, el modo en que se organiza nuestra economía, nuestra cultura, nuestras instituciones. La burguesía de los países "avanzados" educa a su juventud con estos modelos y estos mismos sirven para nuestras naciones, porque nosotros también debemos ser integrados al esquema, repetirlo de memoria, tal como lo hacen los niños y adolescentes hijos de los dominadores y beneficiarios. Esta forma de ficción se inserta dentro de todo el orden funcionante, toda la teoría del universo y es reforzada por la sociedad entera.

No basta, entonces, una mera denuncia, un intento subestructural, ideal, de remplazar estas formas con otras. Si no hay un cambio en el sistema de dominio económico, político, cultural, si no hay una revolución, las nuevas formas infantiles ideadas serán marcadas como mera propaganda y serán rechazadas como tal. Justamente el dominio ideológico no es notorio porque *fluye con el sistema*, porque refuerza y no rompe los vículos vigentes. Nadie se fija en Babar porque él es parte y eco de la realidad aceptada. El momento en el que Babar comenzara a hacer locuras, se pusiera del lado del proletariado, educara a sus hijos de otro modo, usara otro lenguaje (poético), el mecanismo de defensa terminaría por expulsarlo, se haría demasiado evidente. La lucha contra las formas vigentes no puede hacerse ocultamente, porque el rompimiento del orden llama la atención hacia sí mismo. Mientras que todo énfasis, toda justificación, inversión, se mimetiza con el medio ambiente, se derrite en el acomodo.

Las nuevas formas de la literatura infantil tendrán que surgir en la lucha por una nueva sociedad, se harán necesarias en ese combate. Sólo la destrucción del sistema capitalista, la derrota día a día del neocolonialismo económico y mental, pueden garantizar que algún día, por fin, Babar se arriesgue a matar a la anciana señora y, en la pérdida de su inocencia, reconozca el primer paso en el camino hacia su liberación total.

III. Sobran héroes y tumbas

La última aventura del Llanero Solitario en seis emocionantes capítulos

Capítulo I. en que se introduce a nuestro héroe

Como siempre, el Llanero Solitario galopa. Como siempre, se encuentra con un obstáculo. En esta ocasión, una alambrada de púas. Al jinete y a su amigo indio, Toro, les preocupa esta barrera porque se encuentra junto al valle del potro salvaje y "podría acabar con el último refugio de caballos salvajes en esta parte del oeste". Un vaquero los ataca ("esa máscara suya es una razón más que suficiente", explicará después el cowboy, "imaginé que sería un cuatrero detrás de los potros de mi patrón"), pero el Llanero dispara certeramente, desarmándolo, sin causarle daño físico. En la conversación que sigue, el hombre introduce al antagonista, Milo Bruno, "el dueño de todos estos terrenos. Es el principal comerciante en caballos aquí... Pusimos la cerca para atrapar los potros salvajes que hay en el valle cercano". Nadie podrá obstruir esa apropiación, "los potros han hecho rico a Milo Bruno y nada impedirá que aumente sus ganancias con más caballos".

En efecto, en ese mismo momento llega Bruno, hombre de armas tomar ("Hágase a un lado, Hugo, y empezaremos a disparar", frase que indica, sin embargo, que no estamos ante un hombre totalmente inescrupuloso y violento, puesto que cautela la salud de su dependiente).

—No son cuatreros, patrón. Sólo un tanto curiosos.

—¿No saben que la curiosidad mata a la gente? Pero interviene el Llanero. Él no se preocupa por su seguridad, sino por la del valle del potro salvaje. "Es casi el último refugio de esos animales por aquí y debe ser conservado, no destruido." Ante las insistentes amenazas de Bruno, nuestro héroe clarifica: "Ese valle es una especie de patrimonio nacional. Nada lo ha cambiado desde que los primeros colonos vinieron a esta parte del país, ¿sabe?".

—Eso nada cuenta para mí, amigo —dice Bruno, un poco más suave.

—Legalmente nadie puede impedirle que entre al valle, pero hay una razón moral —el Llanero replica; y en ese momento observamos en el rincón del dibujo a un niño. La acción de Bruno "arruinaría un buen escenario natural y la vida salvaje en él, que es algo que sus hijos podrían heredar".

Bruno no cede.

—Ahorre el sermón. Mi hijo heredará el dinero que haga vendiendo potros.

—Hay bastantes manadas de potros allá en las llanuras —es la objeción del Llanero Solitario.

—Pero más difíciles de atrapar. Usted no me convence. Yo iré al valle del potro salvaje. Y parte, levantando una nube de polvo.

Detrás de él, contemplando esa espalda que se va, seguida por el niño (hasta ahora silencioso) y los secuaces, el Llanero y Toro meditan sobre la coyuntura.

—No le hiciste cambiar de opinión —musita el indio.

—No, Toro... Y no hay forma que la ley le impida entrar en el valle. Acabarán con todos los potros que moran allí felices.

Hasta que viene la noche. La pareja de justicieros es despertada por los hombres de Bruno, que los apresan, acusándolos de haberse llevado al hijito.

—¿Qué hizo con mi hijo? ¿A dónde se lo llevó?

El Llanero protesta su inocencia y, por el contrario, ofrece a su ayudante (que, como buen indio, conoce las delicias y las técnicas del rastreo) para que encuentre al perdido niño.

Bruno se disculpa: —Creo que estoy perdiendo la cabeza. Llegué a creer que usted podría haberlo raptado.

Al llegar la luz del día, Toro cumple el pronóstico del Llanero: halla el rastro. "Las huellas van al valle. Son de ayer."

Bruno y sus vaqueros se aprestan a entrar "al valle virgen", pero, en ese mismo instante, como por arte de magia, aparece una manada de caballos salvajes, y entre alaridos y polvo, Bruno pierde el equilibrio, siendo rescatado por el Llanero en temeraria y magnífica acción.

—Todavía no salimos del peligro, Bruno —advierte el Llanero.

—Jefe, si hay que entrar por Jaime —interviene un vaquero— tenemos que disparar sobre esos caballos.

—¿Matar caballos valiosos? ¿Estás loco?

—¿Qué prefiere? —pregunta el vaquero—... ¿Unos cuantos billetes de banco más o a su hijo Jaime?

Pero no habrá necesidad de decidir entre las dos opciones. El Llanero tiene interés en salvar a los caballos y también al hijo. "Si sus hombres y usted se quedan aquí, Toro y yo entramos al valle."

Desensillan a Plata para que enfrente a los demás caballos.

—¿Crees que pueda hacerse obedecer a la manada, Kemo Saby?

—Plata fue una vez el rey de ellos. Y lo es aún.

Pero hay un contrincante que no acepta el retorno de este dominio.

—Kemo Saby. Un caballo negro parece oponerse a Plata.

Dura poco. El desafío del potro negro es recibido airosamente por Plata, que lo vence en singular combate. Queda abierto el camino. Entran al valle del potro salvaje, que está pletórico de árboles, cascadas, vida animal, pájaros.

—Si Bruno y sus hombres invaden el valle, Toro, destruirán su encanto natural.

—¡Ug! Ya nunca será el mismo de antes.

—Desaparecerá un eslabón con nuestro pasado y pronto...

Pero no termina la frase. Encima del hijo de Bruno se cierne la amenaza de la salvaje naturaleza: un puma está por derribar al inocente. Como es imposible disparar ("Podemos herir al chico"), el Llanero entra a combatir y derrotar, a mano limpia, al puma. Al niño rescatado lo manda, con Toro, donde su padre. Aunque todavía no se le han acabado los problemas. Al llamar a Plata, se da cuenta de que su caballo no le hace caso, no quiere regresar.

—El orgullo de ser el jefe otra vez... y el gozo de estar en su antiguo dominio es demasiado para él... Plata pretende quedarse. Hay, no obstante, un último recurso: una vez, cerca de aquí, hice el disparo... El disparo que mató al búfalo con que combatía Plata. Tal vez el sonido de mi arma le haga recordar eso... y Plata entonces regrese a mí.

Y así es. Plata regresa; como una boca que saliva con un reflejo condicionado, Plata vuelve a su amo.

—Fiel amigo. Por un momento creí que te había perdido... pero no ha sido así.

Falta por resolver, recordemos, el problema principal. Bruno se encarga de tranquilizarnos.

—Gracias por hallar a Jaime y rescatarlo. Ayer se dirigió al valle, pero quedó tan fascinado por lo que vio que perdió el sentido del tiempo y oscureció antes de encontrar la salida.

—Pero, ¿por qué entró al valle?

—Lo que usted dijo del valle lo entusiasmó. Quería verlo antes que yo lo estropeara. El asombro en la cara de Jaime al descubrirlo me lo dijo todo. Mientras yo siga aquí, el valle del caballo salvaje estará a salvo.

El Llanero sabe también agradecer donde corresponde.
—Todo esto te lo debemos a tí, Jaime. Gracias.

Y la última escena, a medida que se aleja, con el ya consabido "Vamos Plata, ya", es la identificación del protagonista y su leyenda, "Oh, el Llanero Solitario me ha dado las gracias", galopando hacia otra aventura, otra revista, otra serie, otra película, otro libro, hacia...

Esta aventura (extraída de El Llanero Solitario N°),* que

---

*En la copia que se logró salvar no venía consignado este dato, que estaba en el original. De todas maneras, el episodio se publicó en Chile, en la segunda mitad de 1971.

hemos descrito con considerable y fiel minuciosidad, nos servirá, como habría servido cualquiera otra por lo demás, para desnudar los mecanismos ideológicos que animan a los productos ficticios que la industria cultural propaga por los medios masivos de comunicación. Pero llevaremos a cabo esta tarea partiendo desde la concreción disponible al lector cotidiano, el mensaje y el mundo imaginario que digiere con ingenuidad cada día. El análisis de un episodio determinado, que avance paso a paso en la búsqueda y hallazgo de los modos explícitos e implícitos de la dominación ideológica en una ficción que pretende estar al margen de la política y destinada al mero entretenimiento, puede demostrar, utilizando la experiencia más inmediata y aparentemente inocente del lector (el que acaba de leer las primeras páginas de este ensayo), no sólo la hegemonía cultural de una clase social, sino también el método, el específico trabajo de análisis que hay que utilizar, en cada caso, para poder percatarse de esa hegemonía y de la dirección que esa clase social desea darle a los mensajes que emite en sus productos. Demasiado a menudo, y es natural que así suceda en la ciencia, se presentan las conclusiones de una investigación y se dejan de lado los caminos concretos, el modo de razonar, comparar, buscar, que permitieron ese resultado final. Aunque la aventura descrita no ha sido en realidad elegida al azar, porque se buscó un episodio donde confluyera un conjunto de elementos que a veces están dispersos en otros ejemplos, puede ser utilizada como modelo prototípico de análisis y como trampolín para ingresar a las estructuras más generales que agitan y cohesionan, no sólo a la serie de El Llanero Solitario, sino también a las de otros superhéroes de todo tipo, llegando incluso a aislar la ley fundamental que explica el sentido de estas historietas de acción (y las teleseries) y que habrá que tomar en cuenta para cualquier transformación intencional del medio.

CAPÍTULO II: EN QUE NUESTRO HÉROE DEMUESTRA AQUELLO DE LO QUE ES CAPAZ

Una primera lectura somera nos permite observar que el Llanero Solitario enfrenta y resuelve un problema central, la defensa del valle del potro salvaje, y también las derivaciones de esta coyuntura (por ejemplo, el intento de huida de Plata), utilizando los recursos indispensables: su fuerza física, su pericia y habilidad, su capacidad de persuasión a través de las palabras, su moral irreprochable. Es un hombre excelentemente dotado que logra superar cada obstáculo que le asedia en el camino. Cuando se va, identificado para el lector y para los demás personajes, no quedan dilemas ni dificultades. Todo es armonía, feliz año nuevo.

Se trata, entonces, como en cualquier estructura de ficción en que predomina la acción, de destruir a un adversario que ha venido a perturbar la tranquilidad del cosmos. Las hazañas del protagonista son imprescindibles para garantizar el funcionamiento de ese mundo, eliminando al foco amenazante. Hay una crisis que se manifiesta muy meridianamente y sólo cuando se haya superado esa situación crítica podrá proseguir su viaje el justiciero.

Pero, ¿por qué es peligrosa la actitud de Bruno? ¿De qué manera siente el lector inmediatamente que ese hombre encarna una fuerza perniciosa, que debe ser corregida para que el bien prevalezca? O para ponerlo de otro modo, ¿qué es lo que se le critica a Bruno, por qué sus decisiones desencadenan un terremoto e indignación en el alma del Llanero Solitario y sus fans, clamando por un castigo o una rectificación que restituya el equilibrio a un mundo que se ha desordenado?

Aparentemente, a Bruno se le echa en cara el excesivo afán de lucro, su capitalismo desenfrenado. Es un hombre enceguecido por el amor al dinero (que menciona varias veces como primordial para él); ha subordinado todo (su ética, el futuro de su hijo, el futuro de la tierra) a la búsqueda de ganancias. Es un hombre que "ha perdido la cabeza".

Así, a un nivel elemental, el conflicto se plantea entre el Dinero y la Virtud. Notemos, sin embargo, que el Llanero no impugna el hecho de que Bruno se haga rico. Por el contrario, le sugiere un modo legítimo de hacerlo: cazar caballos en la llanura. De ninguna manera podemos entender que el autor de la historia esté atacando a Bruno por ser un hombre de fortuna. Es evidente que Bruno no explota a los hombres para hacerse acaudalado, ya que éstos reciben su salario y el buen trato, y cumplen al ser fieles a su patrón. Las relaciones entre Bruno y sus hombres así lo revelan: incluso se permiten discrepar con él cuando lo estiman equivocado. De manera que se nos presenta la única fuente de ingreso del terrateniente como la naturaleza misma. El conflicto no se plantea entre Bruno y sus asalariados, puesto que éstos no constituyen una fuerza que produzca dividendos ni aumente las ganancias; son un factor permanente y pasivo y leal durante todo el transcurso de la acción. El conflicto se da entre Bruno y los productos de la tierra. Él desea maximizar la explotación de esos recursos naturales (caballos). Razón por la cual rechaza la solicitud del Llanero: en las grandes extensiones planas se hace demasiado arduo capturar los potros. Se pierde tiempo (y esfuerzo), y, por lo tanto, dinero. Es evidente, entonces, que lo que se nos aparecía inicialmente como una contradicción entre dinero y virtud era, de hecho, un antagonismo entre la virtud y todo dinero que se consigue en exceso de ciertos límites. En Bruno se han secado los arroyuelos de la moralidad porque su dinero no se ha obtenido de acuerdo con ciertas normas mínimas de convivencia y respeto. Basta con que él renuncie a perseguir a esos caballos salvajes, y se convierta en su guardián empecinado, para que vuelva a ser una figura ejemplar, sustituyendo al Llanero mismo en la defensa del valle. Seguirá lucrando, sin duda, pero ahora se hará en su debido lugar: la llanura.

Parece manifiesto que hay aquí un deseo de oscurecer, como lo hace toda historieta producida por la industria cultural de la burguesía, la creación de la plusvalía por medio de la explotación de que es objeto el proletariado. Podemos ver, en efecto, que se legitima la riqueza de Bruno en cuanto se la estima como proveniente de la naturaleza y no de la compra de la fuerza de trabajo de los hombres que laboran para él. Más aún, la crítica a los métodos empleados por Bruno implica que son aquellos excesos, y no otros, lo que podría constituir la invalidez de su fortuna. Una vez superados, se supone que Bruno tiene perfecto derecho a gozar de sus tierras y de la venta de sus caballos. Se ha eliminado una crítica valedera contra el capitalismo (su origen y sustentación en la apropiación del trabajo ajeno) y se ha puesto en su lugar, para contestar triunfalmente, otro tipo de crítica: el mal del dinero reside no en las relaciones sociales de producción, que unos sean dueños de los medios de producción y otros sólo sean dueños de su fuerza de trabajo, sino en los excesos que esos señores acaudalados cometen contra la naturaleza, el intento de extraer riquezas más allá de ciertas fronteras convenientes y convenidas.

El punto de vista que se adopta para confrontar a Bruno es falso, pero se transforma dentro de ese mundo, y para el lector, como el único obstáculo verdadero que el sistema de ganancias y explotación tiene que sobrepasar. Al final de la historieta, se ha limpiado al capitalismo. Al dueño de la tierra, al productor y comerciante, se le permite gozar de su fortuna porque la ha obtenido con medios legítimos, renunciando en público a utilizar formas moralmente condenables.

Notemos, por lo demás, que se cuestiona la legitimidad y no la legalidad. Bruno es el propietario, no cabe duda, y el Llanero no tiene manera de terminar con ese despojo citando cláusulas constitucionales. El terrateniente es *libre*, y su decisión se sitúa en el terreno de lo que su voluntad ha escogido sin otra presión que los ideales éticos eternos. La acción del Llanero, a diferencia de otros episodios en que encarcela a contrincantes que rompen la ley, está destinada a provocar en Bruno una regeneración moral, es decir, aliarse con las reservas éticas que el terrateniente posee en su corazón. Es interesante notar, por ende, el trato preferencial acordado a Bruno: cuando las leyes escritas son impotentes para poner coto a los excesos, bastará confiar en la escondida bondad del tránsfuga. Habría que comparar con las drásticas sanciones impuestas a quienes, como los ladrones, atentan contra la propiedad privada (en vez de ser poseedores de ella). Tendremos ocasión de examinar más adelante el papel que juega el hijo de Bruno en esta alternativa de salvación, así como otros factores (la casualidad, la influencia del Llanero).

Aunque hemos establecido así uno de los mecanismos fundamentales que utiliza este episodio del Llanero Solitario (y otros de la misma serie), el modo en que ideológicamente se ha eliminado un aspecto fundamental de la lucha de clases del mundo ficticio, proponiendo en cambio un antagonismo (hombre que quiere demasidas ganancias *versus* naturaleza productora de bienes) que puede resolverse, al nivel de la historieta, sin cuestionar el sistema de explotación, todavía no sabemos por qué esa amenaza a la naturaleza ha de excitar tal cantidad de recelos y rechazos de parte del protagonista y los lectores. Podemos entender que la única crítica al capitalismo se vea reducida a señalar sus excesos corregibles y no a denunciar su estructura misma de explotación, su verdad. Pero ¿por qué se han elegido precisamente esos excesos como elementos repudiables y no otros?

No bastará con responder que es una manera de eliminar el conflicto que el lector percibe cotidianamente (entre explotados y explotadores). Para poder avanzar más, es necesario preguntarse qué significa esa amenaza para el que consume la revista, con qué fuerzas oscuras y maléficas puede él identificarla. El ataque de Bruno al valle del potro salvaje emociona al lector, lo hace reaccionar, lo empuja a colaborar en la defensa de esa zona de la naturaleza. ¿Qué experiencia contemporánea se oculta detrás de esta fusión de intereses propios del lector con el futuro (y el pasado) de ese valle?

El repudio a la actitud de Bruno parte de uno de los problemas que más preocupan al hombre norteamericano de los últimos veinte años: la sobreexplotación de los recursos naturales, que ha traído como consecuencia fenómenos como la contaminación atmosférica y de las aguas, las perturbaciones climatológicas y de la ecología, el envenenamiento de la flora y fauna, el despojo sistemático del medio en que deberá desarrollarse la existencia humana. Básicamente estos problemas derivan del sistema capitalista, al que no le preocupa malbaratar riquezas con tal de obtener ganancias a corto plazo, a lo cual se unen los típicos males endémicos de esta forma de organización social: la falta de planificación, competencia desenfrenada, ausencia de restricciones y control y de responsabilidades específicas, en una palabra, *"the affluent society is an effluent society"* ("la sociedad opulenta, es una sociedad poluta" en libre traducción). Claro que separada del contexto social, dejada a su propia evolución autónoma, la tecnología avanzada tiende a producir efectos indeseables por sí misma.

El impacto en la conciencia de esa devastación se hace sentir desde el nacimiento del capitalismo, primero como una defensa con que reacciona espontáneamente la ideología feudal (que amparaba con nostalgia la natualeza en cuanto significaba una estructura agraria autónoma) y luego, a partir del siglo XVIII (el poeta inglés Blake debe ser el primero en horrorizarse ante los efectos de una sociedad que va hacia la industrialización), como una crítica cada vez más histérica, denunciando fundamentalmente la tecnología misma como causante de tantos males. En el mito de Frankenstein, la escindida élite de la burguesía proyecta sus temores e inseguridades: la máquina devorará a su creador. Pero el ataque a los estragos del "progreso" ocupaba a círculos muy reducidos, principalmente escritores y artistas (por ejemplo, Dostoievski). En forma paralela, a partir de principios del siglo XX, en algunos círculos científicos fue gestándose la idea del "conservacionismo", que consistió en postular la preservación de la naturaleza buscando rodear de garantías su incorporación al desarrollo económico, en forma a menudo ingenua y que, por lo tanto, no logró la reforma del sistema como una totalidad (que tampoco se proponía) sino que creó islotes en la legislación y en la naturaleza, que no obstruyeron el despilfarro mismo.

Sólo a mediados del siglo XX la acentuación irreprimible de esta tendencia del capitalismo aflora a la conciencia pública y la discusión y preocupación por el problema se hace materia cotidiana y noticiosa. A partir de la década del 60 empiezan las campañas de limpieza ambiental, la moda de los alimentos de la salud (*health-foods*), los congresos de ecología y la creciente popularidad de las anteriores sociedades de conservación de la tierra. Es en esta atmósfera y contexto que se escribe el episodio del Llanero Solitario que analizamos, aunque es evidente que —como veremos— el personaje, que nace en la década del 30, ya tenía como misión primordial la defensa del patrimonio natural norteamericano.

Ése es el pecado de Bruno: desea enriquecerse excediendo los límites normales, asolando la naturaleza que pertenece a toda la humanidad. Quiere dejar a su hijo con más dinero, en lugar de un medio ambiente más puro. Es como una compañía petrolera que no se preocupa porque está destruyendo la vida marina y vegetal.

Pero si Bruno recapacita, el sistema se salva. Puede ganar menos dinero y mantener ese valle intacto. Hay lugares prohibidos, ciertas reservas naturales, donde no debe ingresar la civilización. Son otros los lugares, en cambio, que están destinados justamente a ser utilizados por los seres humanos.

Lo que la historieta nos transmite como mensaje, por lo tanto, es lo siguiente: no hay que confundir los excesos de un sistema (las equivocaciones de Bruno) con el sistema mismo (la legitimidad de la fortuna de Bruno). Muy por el contrario. Bruno va a reconocer sus errores y todo se ha de solucionar. Con la ayuda del Llanero y la conducta renovadora de su propio hijo, que es el futuro, la verdadera voz del porvenir, el terrateniente se transforma en conservador del paisaje en vez de su destructor. Hay que tener confianza en que el sistema, tal como Bruno, sabrá corregir sus propios desvíos, pero de ninguna manera se puede impugnar el sentido mismo de la búsqueda de riquezas. El mundo se encuentra dividido en dos: la llanura, donde el hombre se puede apropiar de la naturaleza, y el valle, donde no podrá entrar. Esta fragmentación de la realidad posterga para el lector la identificación del verdadero responsable. ¡Como si los excesos del capitalismo nacieran de una equivocación *moral* rectificable y no de las necesidades insaciables de competencia y maximización de ganancias! ¡Como si al restringir la acción de Bruno a la llanura se estuviera encubriendo lo que él hace en esa llanura! ¡Como si el dueño de una fábrica dijera que cuando sus obreros han terminado su horario de trabajo ellos han dejado de ser explotados y él ya no es un explotador!

El hecho de que Bruno reconozca los límites impuestos por la comunidad para el disfrute de todos es una supuesta garantía de que su acción en la llanura se basa en idénticos principios morales y de preocupación por el bienestar espiritual y material de los otros seres existentes. Mientras él sea el cuidador del valle salvaje, todas sus decisiones están santificadas, aureoladas de respeto por los derechos de la humanidad. Renunciar a más dinero en bien del gozo público es una demostración de la racionalidad de Bruno, la ética inherente a su modo de conseguir beneficios económicos. Basta con que el capitalismo contemporáneo (los actuales dueños) mediten en sus hijos y se dejen dirigir moralmente por intachables consejeros como el Llanero Solitario, para que el equilibrio vuelva a ese mundo.

¡Aleluya!

La presencia del valle es un aval para Bruno, un cheque en blanco para cualquier conducta que quiera adoptar, tal como el hecho de que un soldado norteamericano le regale un helado a un niño vietnamita (convenientemente fotografiado) enjuaga el napalm presente, pasado y futuro de las manos del invasor.

Mientras Bruno conserve (por su propia voluntad y sin presiones legales) el valle, hay una prueba fehaciente de que la naturaleza no ha sido destruida por el deseo de ganar más, prueba de que en cada acción económica en que se arranca un producto del mundo material informe en que se halla (recordemos que ése es el único medio de crear riquezas en ésta y otras historietas) se está resguardando (antes, durante, después) una reserva natural, una fuente siempre renaciente hacia el porvenir, un sector que no deberá ser mancillado. Se confirma la tesis básica del capitalismo: el sistema se regula solo. Claro. Siempre que el Llanero Solitario acuda.

La existencia del valle salvaje no es una casualidad en este episodio. Es un tema que se repite en todas las historietas de acción, y que tiene su origen en el nacimiento del tipo de cultura que surge ya con el capitalismo mercantil. En otros estudios hemos determinado algunas características del desarrollo histórico del fenómeno.[1] Es un lugar donde el tiempo se ha detenido, donde la civilización —con todas

---

1. Véanse "Inocencia y neocolonialismo: un caso de dominio ideológico en la literatura infantil", y con Armand Mattelart el libro *Para leer el Pato Donald,* Ediciones Universitarias de Valparaíso, 1971.

sus contradicciones y adelantos, su complejidad y avance—, no ha penetrado. El hombre, que ha transformado toda la naturaleza con el progreso, no tiene cabida en ese mundo, a menos que deje atrás sus hábitos y sus aspiraciones mundanas. Es el mito del primitivismo como salvación, el retorno a la naturaleza, la inocencia idílica. El modo de producción del capitalismo genera, a lo largo de su evolución, la necesidad de lugares mágicos, sectores alejados del mundo cotidiano y limitante, escenarios para el ensueño de una libertad que el capitalismo exige pero que nunca se permite. Se demanda una naturaleza que no haya sido manchada, una constante piedra de toque de que el capitalismo no ha torcido el destino del hombre, un espacio donde el hombre podrá ser él mismo. En *Para leer el Pato Donald* se ha estudiado de qué manera este anhelo se fusiona con la búsqueda del ocio y la histeria del turismo, y también de qué manera se realiza, al nivel de las producciones culturales masivas, una división internacional de estos sueños, constituyendo los países subdesarrollados un templo de naturaleza primigenia y feliz.

Aquí, en este episodio del Llanero Solitario, podemos descubrir precisamente estos rasgos. Además de constituir una fuente de recursos naturales, que es necesario resguardar por razones económicas, el valle tiene características mágicas: en tanto espacio físico, se describe (y se grafica en el dibujo) como un lugar perfecto, de naturaleza idealizada, y, desde el punto de vista del tiempo, ocurren allí fenómenos extraños. Las personas que ingresan pierden la acción temporal, en su forma de esclavitud al reloj y a la rutina. Puede atestiguar el hijo de Bruno. Pero es lo que sucede con el tiempo como mudanza histórica lo que adquiere mayor relevancia: "es una especie de patrimonio nacional. Nada lo ha cambiado desde que los primeros colonos vinieron a esta parte del país".

Este sitio, por lo tanto, es una vitrina del Oeste tal como era antes de que los colonos trastornaran su faz, un lugar por donde la historia concreta de Estados Unidos no ha pasado. Así era la naturaleza antes de que cualquier hombre agrediera sus alrededores; y la decisión de Bruno asegura que así será eternamente, más allá de los progresos (con efectos positivos y negativos). Ayer, hoy, mañana, pasado mañana, millones de años antes o después, la fecha puntual carece de sentido, porque en aquel dominio no impera lo variable o lo incierto.

Se recurre a la naturaleza y a su divinización como fuente de entretenimiento y turismo, y los atribulados moradores de las ciudades podrán reconciliar allí las dimensiones antagónicas que amenazan su vida mental cotidiana. Basta ese valle para olvidar la historia, aquella en que cada cual está comprometido, quiéralo o no, para pasar a un museo donde todo es permanencia y seguridad. Mientras el valle sea vigilado por Bruno, cualquier peatón puede situarse en una mira ahistórica, puede trascender las limitaciones de su época y comunicarse con todos los hombres de todas las épocas. Para los norteamericanos eso significa revitalizar el más grande de sus mitos, el de la Frontera, que durante décadas fue explorada y poblada y redefinida en el vasto espacio del Oeste. Nutrir este mito es la tarea del valle del potro salvaje: recrear las condiciones del origen de la nacionalidad, para que cada hijito de cada Bruno pueda visitar el pasado, reinstalándose en la perspectiva limpia con que los colonos vieron esa tierra inmaculada. En el valle se representa, como resumen y esencia, el ser inagotable de todo el Oeste.

Pero ¿qué vieron los colonos? ¿Y qué aprenderán, por tanto, los niños norteamericanos (y los chilenos también, sin duda)? La naturaleza pura. Se han eliminado de esa fotografía, de esa primera ojeada, a los habitantes previos, a las tribus indígenas de Norteamérica. Los nativos han desaparecido.

"Si Bruno y sus hombres invaden el valle" dice el Llanero a Toro, "...desaparecerá un eslabón con nuestro pasado".

En la historieta, el indio, al igual que el blanco, contempla el valle desde lejos, desde el punto de vista del manual de turismo. Su pasado es el mismo pasado que el del hombre blanco, una "humanidad" común.

Resulta, entonces, que los indígenas no son los poseedores anteriores del suelo, no son "naturales": constituyen una excepción, algo que es contingente. Al no incluir a la vida humana "autóctona" dentro del paisaje animal y vegetal, se aprende la historia al margen de la sangrienta conquista real del Oeste, sin tomar en cuenta el despojo violento de que fueron objeto quienes habitaban antes esas tierras. Los polos verdaderos de la historia son la naturaleza primitiva, intocada, por una parte, y la civilización blanca, por la otra. Son los anglosajones y sus descendientes los que han tomado posesión legítima de esa naturaleza, transformando una parte de ella (construyendo ciudades, industrias, autopistas, supermercados, puertos) y "conservando" la otra parte.

Una de las posibilidades abiertas a los indios es admirar el valle desde afuera, aceptando que esa extensión les pertenece en cuanto acatan la óptica del gran hombre blanco a su lado. En definitiva, proclamar que la historia, la única historia, es la que sale en los libros de texto y en los museos y hoteles de turismo de la cultura norteamericana actual. La otra posibilidad es integrarse al paisaje, otro animal más al lado del puma y el búfalo, adorar su ser natural meramente pasivo y anecdótico, retirarse a una reserva. Ser una sombra entre otras sombras de árbol, una casualidad que resbala por la superficie. El dueño auténtico del valle es Bruno, que lo conserva para la nación entera, incluidos los indios que no supieron diferenciarse de la naturaleza, que no se ganaron el derecho al valle porque no crearon el progreso, el dinero, la competencia, la expansión, los supermercados, las ametralladoras y los automóviles. Es el castigo que se les impone por no haber creado ellos la civilización yanqui. Si perdieron sus tierras, se debe a que ellos no lograron antecedentes suficientes, escrituras morales y técnicas. En las mansiones fastuosas del sur de Estados Unidos, convertidas algunas en reliquias que se visitan por un dólar, el guía se ruboriza cuando se le pregunta por el lugar donde dormían los esclavos.

—Dormían atrás —dice el guía, después de una vacilación.

Y atrás de la casa no hay nada. Se han derribado esas habitaciones donde descansaban las manos y las piernas que construyeron las casas que se visitan.

Cada episodio del Llanero (y cada aventura en cada revista subliteraria) es un acto de omisión, un silencio, un libro de historia con todas las páginas en blanco y con tinta invisible. Se proyecta reiteradamente, y desde la más temprana edad, una visión del templo del pasado que purga la violencia, que borra a los conquistados, la lucha que se entabló, la sangre que mancha cada precipicio y roca del valle, cada máquina fotográfica del turista, el turista que visita el valle como el lector visita la revista del Llanero Solitario. Lo que se esconde es el origen de la propiedad de Bruno.

El valle del potro salvaje, así, de soslayo, sin llamar la atención sobre sí mismo, comprueba que el Oeste fue subyugado por sus verdaderos destinatarios, los elegidos por Dios o la suerte o la virtud innata, los que merecían tal tierra prometida. Supieron qué hacer con ella, la cambiaron para crear el progreso y cuando llegó el momento de que ese progreso amenazara a la naturaleza (mucha promesa, poca tierra iba quedando), volvió Bruno a demostrar —y el Llanero, y el niño, y Toro, y los vaqueros, y el lector— que sabía también cuidar ese tesoro. El derecho a esa tierra se establece destruyendo primero en la historia a los poseedores iniciales y eliminando luego por medio de la ideología ese acto de destrucción. Antes vimos cómo se esquiva la lucha de clases, eliminando la explotación y el elemento verdaderamente productor (el proletariado); ahora observamos cómo, incluso, se trata de hacer tabla rasa con la guerra de conquista de las poblaciones indígenas.

Partiendo de este supuesto, de que los indios no son esenciales en la historia del Oeste sino un desafortunado accidente, se puede entender que la entrega caritativa de ciertos territorios es una recompensa suficiente. De esta manera, cuando en otros episodios del Llanero Solitario, los pieles rojas aparecen como seres agresivos y malos, es porque niegan la justicia de esa repartición, dudan del derecho de los blancos a *toda* la tierra. Son derrotados. En cambio, es interesante ver aquellas ocasiones en que los aborígenes de turno no desean apoderarse de lo que pertenece a los blancos sino sólo defender la porción (mínima, sin duda) que les ha tocado a ellos después del despojo. Por ejemplo en la aventura ''La manada de búfalos'', algunos ladrones blancos han provocado un incendio para que los búfalos de que viven las tribus traspasen la vía del tren, línea que demarca el territorio donde ellos no pueden cazar. A pesar de que el Llanero descubre a los bandidos (que han usado gasolina para sus fechorías), cuando los sioux están por violar el límite son detenidos por soldados. "Alto. Ustedes saben que, de acuerdo con el tratado, ningún grupo de indios armados puede cruzar la vía... Regresen." En estos momentos es posible que se desate un conflicto violento, ya que varios salvajes insisten en disparar sobre los soldados. Sin embargo, el jefe confía en el Llanero que desea "evitar una lucha entre los dos bandos". Cuando el jinete enmascarado ha prometido "reclamar la manada como suya, pero no inicien la pelea ustedes", el jefe promete que "ningún sioux será el primero en disparar, amigo". Pero a la vez los búfalos deben ser recuperados. Son el único sustento de los nativos. El Llanero, como es natural, inventa un truco: los indios (*sin armas*) pasan la línea y mediante sus tambores (fingiendo una "gran danza india") provocan tal ruido que los búfalos vuelven a cruzar al territorio original. Y ahora cuando los forajidos quieren romper el tratado, persiguiendo a los animales, son los soldados los que salvan la situación: "Váyanse de aquí. No permitiré que ningún grupo armado, sea de blancos o indios, cruce la vía". El jefe debe reconocer: "Gracias. Has sido justo". No es sólo la aceptación de un papel pacífico lo que soluciona el problema de los indios ("ahora tendremos ropa y alimento gracias al Llanero Solitario"), sino más que nada la conservación de sus viejas costumbres pintorescas. Su ser anecdótico, turístico, es el factor fundamental que permite una superación no-bélica del antagonismo.

Lo que el jefe sioux defiende, en realidad, es la justicia de la distribución que el hombre blanco ha hecho de las tierras, que antes pertenecían íntegramente a los indios. Ser justo con los salvajes es garantizarles que no se alterará el tratado que el hombre blanco hizo firmar al hombre de piel roja o morena mediante la fuerza militar. El despojado se convierte en guardián de las leyes, que surgieron del despojo. Quienes atenten contra esas leyes, sean indios o blancos, recibirán su sanción ejemplar.

Los indios no podrán jamás recuperar el valle del potro salvaje. Por definición, *a priori,* nunca fue de ellos.

Así que el valle se nos revela como el centro de la beatitud. Se han eliminado de allí todas las desavenencias y contradicciones. Los potros moran allí "felices", igual que el hijo de Bruno. Es el "encanto".

De modo que la naturaleza no sólo está encargada de enriquecer a Bruno, en cuanto él acepte frenar sus excesos, sino que incluso, mediante ese medio ambiente puro y virgen que él no va a ennegrecer, actuará como regenerador moral, fuente de virtudes. Será el vástago del terrateniente equivocado, su proyección biológica, el que desencadene la revolución ética. Esta alianza, naturaleza con niño, es posible porque ambos simbolizan, dentro de la historieta, la inocencia, la bondad "natural", lo que no ha sido masticado por la civilización y el peculio. Dentro del campo humano, los niños encarnan los mismos valores que el valle del potro salvaje frente a la historia, son algo así como sus embajadores. Bruno podrá estar errado, pero tiene una familia y dentro de ella un pequeño ser humano que no participa en absoluto (nuevamente la división) en los desvaríos de su padre. Ésta es la salvación para Bruno: los hijos son capaces de absorber la lección milagrosa de ese valle, pueden cambiar a sus padres. Aunque posteriormente deberemos entrar a delinear en detalle la personalidad y función del Llanero mismo es bueno recordar que él también se contagia (o se confunde) con las características del valle y del niño, siendo el ejecutor eficaz de las acciones que naturaleza e infancia necesitan en el mundo de los adultos, en el mundo de la historia, para vencer.

Sin embargo, por este camino pueden surgir roces ideológicos, tendencias peligrosas. Si la tierra es tan asombrosa y encantada, si los niños se sienten tan interpretados por ella, ¿qué obstáculo habría para que éstos (y sus padres arrepentidos y vueltos a nacer) dejen su vida cotidiana, abandonen el lucro definitivamente, rechacen en forma terminante todo trato con lo contemporáneo? En esta perspectiva y bajo ese manto de fascinación, el valle del potro salvaje amenaza con devorar toda la realidad circundante. El mundo mágico de la naturaleza, que es marginal y pasajero, podría ser concebido y transformado en el centro prioritario de las aspiraciones. Si allí el hombre encuentra su verdadero ser ¿qué le impide buscar allí su esencia? En definitiva, la solución de los *hippies,* la utopía de la comunidad libre y sin posesión de bienes, el hombre volviendo a su ser natural que la sociedad le ha castrado. Es una solución que ha acompañado al capitalismo como fantasma, vía de escape y desafío, durante todo su desarrollo, y que durante la década del 60 encontró en Estados Unidos una encarnación suficientemente masiva como para crear noticias e inquietud.

En el contexto del episodio que analizamos, podríamos preguntar: ¿por qué Bruno no lleva la lección aprendida de su hijo hasta sus lógicas consecuencias: renunciar al mundo de la llanura del todo, convertir al Oeste entero en un escenario digno y maravilloso, reconstruir el pasado?

Se ha utilizado el método para salvar a Bruno (y a lo que representa), para borrar el pasado y el presente de explotación, pero tal vez esa vía de ensueño sea ahora una pesadilla que terminará por destruir a quien quiso salvar. El remedio de la enfermedad de Bruno (valle y niño) amenaza la salud futura del paciente sanado. ¿¿Cómo sacar al niño del valle? ¿Cómo asegurar que el niño, al crecer, quiera enriquecerse sobre la fatigante llanura?

Este planteamiento podría aparecer como una digresión inútil. El niño no se propone tal posibilidad, Bruno sigue cazando caballos en las llanuras y vendiéndolos en las ciudades, el valle no avanza monstruosamente. Sin embargo, el mero hecho de que la acción no permite tal eventualidad, ni siquiera la mencione, no significa que *dentro de la ideología* que organiza esa ficción no se tenga que dar respuesta al interrogante. Se ha levantado una estructura significativa, que actúa sobre el lector emocionalmente y lo impulsa en ciertas direcciones. La repetición de historietas como ésta podría inquietar al lector, propiciando una crítica —si bien desde la naturaleza, desde la juventud, desde la inocencia— del sistema dominante. Una crítica de corte utópico, es cierto, pero de todas maneras una separación del mundo en bondad natural y maldad contemporánea. Aunque podemos admitir que ese tipo de denuncias, en el fondo idealistas, son muchas veces válvulas de escape para el sistema, también es útil reconocer que esa dirección ideológica (sobrevaloración de lo natural e inocente) puede desequilibrar el mensaje y perturbar al consumidor. Hay que imaginarse no más al Llanero Solitario galopando en pro de los valles y los niños (y los indios) y la inocencia futura.

Sin embargo, no lo hace.

Si examinamos sus acciones, podremos observar de qué modo él devuelve la tranquilidad a los lectores, marcando con toda claridad cuáles son los límites que él —igual que Bruno— impone a sus propios deseos. Con su conducta, el Llanero enmarcará y dará orientación a los posibles excesos. Para usar el símil de la medicina nuevamente, el Llanero demostrará que demasiados remedios (una expansión de las prerrogativas de la naturaleza incorrupta y de la infancia inocente) pueden conducir a males aún mayores. Es evidente que no se trata de que él se plantee (ni tampoco el dibujante o el guionista de la historieta) la búsqueda de un equilibrio. La ideología es in-intencional. No se trata de propaganda (que sí tiene deliberación racional) sino de conductas automáticas que asume, dentro de la ficción, el personaje para poder responder a otra conducta suya —defensa del valle, regeneración del dinero mal habido— que promete desbordarse. La estructura de significados no estaría completa si no tuviéramos, dentro del mundo imaginario mismo, una serie de acciones que corrijan la posible desviación del lector —y del niño— antes de que ésta ocurra. Las contradicciones nuevas que ha generado la solución misma del conflicto inicial también deben ser resueltas al nivel del comportamiento de los personajes.

Un ejemplo de esto es la imagen, doblemente deslizada, de que esa naturaleza contiene aspectos destructivos, que el sol puede ser despiadado, además de entibiar la piel en la playa, y que para no quemarse se hace inevitable usar crema o *sun-tan* o alguna otra mezcla suave y publicitada, productos de la civilización. Así el puma acecha al niño y debe ser muerto. Así los caballos se desbocan y Bruno debe ser rescatado. La naturaleza se descontrola con frecuencia, y en esos casos la alianza entre niño y valle se ve sometida a ciertas reservas y dudas, no muchas, pero las suficientes como para que el lector comprenda, subliminalmente, que la naturaleza que depura puede en ciertas ocasiones en que carece de protección humana y social, en aquellos momentos en que no esté presente el Llanero, descalabrar.

Sin embargo, la verdadera enmienda que sufre la naturaleza y el niño que es su intérprete fiel, proviene del único ser natural de la aventura, que es también un personaje: Plata. Tan crucial es esta ejemplaridad que se transforma en un tema subordinado, un motivo auxiliador, que llega a ocupar algo más que un cuarto del espacio de todo el episodio.

Por una parte, en el mundo de la naturaleza se reproducen las mismas relaciones (sociales) de dominio que en el mundo de los humanos, Plata es rey ahí, un ser negro (¡evidente!) trata de arrebatarle su título, el caballo blanco vence a las tinieblas (¡evidente!). De esta manera se rectifica el error de que en el mundo de los animales todo es comunidad y libre asociación. Ahí también se toleran jerarquías, escalones de mérito y fuerza, liderazgo y servidumbre. Quien piense encontrar en el valle una concepción diferente, democrática, de la relación entre los seres humanos se equivoca gravemente: Plata imita a Bruno con sus hombres, o al Llanero con Toro. La naturaleza está socializada irremisiblemente, por lo menos en este aspecto.

Esto se hace notorio cuando Plata, nuevamente a la cabeza de su manada, decide alejarse del Llanero y de la civilización. En realidad, lo que hace el caballo es seguir la dirección que el Llanero y el hijo de Bruno postulan como positiva. Plata es un ser natural. ¿Por qué no volver al valle, si es tan maravilloso, encantador, incorruptible? Si el Llanero no quiere que Bruno cace potros en el valle, ¿por qué él primero no suelta a su propio caballo, devolviéndolo a esa naturaleza de la cual fue arrancado? Si Bruno sigue los consejos del protagonista, con más razón debería hacerlo el caballo del protagonista. Como un burgués que aconseja al hombre pobre comer menos como remedio para su hambre, así de enredado parece estar el Llanero Solitario. No sólo el terrateniente le ha hecho caso, sino que su propio caballo ha partido hacia el valle protector. ¡El violador de menores se encuentra en la cama con su propia hija!

Sin embargo, no es así. El Llanero recupera su caballo, sin recurrir a la violencia que Bruno iba a utilizar. Plata vuelve a él por propia voluntad, recordando el origen de la colaboración y compañía. En efecto, como puede leerse en El *Llanero Solitario, Historia de un Rural de Texas,* un librito que cuenta el origen del jinete justiciero y sus acompañantes, el Llanero salvó a Plata de un búfalo salvaje, cuidándolo después hasta que sanara. Con un rasgo de desinterés que, como veremos, es condición indispensable de su personalidad, el Llanero le permite al caballo marcharse. Ante el asombro de Toro, ''Sí. Plata tiene derecho a su libertad. Se la ha ganado —replicó el Llanero, renunciando a sus proyectos sobre él. El animal salió trotando. El texano le gritó entonces, con nostalgia: —¡Adiós, Plata!— Vieron al caballo levantarse de patas delanteras, dar una vuelta sobre sí mismo y, luego de inmovilizarse un instante, regresar hacia ellos. —Plata, amigo mío— exclamó el Llanero acariciándole el cuello, con un agradecimiento infinito porque el animal le brindase su libertad''.[2]

De esta manera, el valle del potro salvaje se halla cercado. El rey de los indomables, que ahí se enfurecen y vagan, ha aceptado, sin presiones de ninguna especie (siempre que se nos olvide el chantaje sentimental, ese vicio de las relaciones culpables entre humanos), la sumisión como existencia. La propiedad privada del Llanero, extraída (como sus demás bienes) directamente de la naturaleza, es fruto de su bondad y de la libre concurrencia. Plata no podrá emanciparse porque en el fondo no lo desea. De este modo, se pone coto al posible rumbo antisocial que el lector o el hijo de Bruno pudieran asumir. Basta con aprender de Plata, que ha tenido reiteradamente la oportunidad de dejar la llanura y volver al valle, y que ha escogido vivir en el mundo de Bruno, por imperfecto que sea.

Al defender su propiedad privada, su reducto personal, el Llanero demuestra la legitimidad de las andazas de Bruno por la llanura. Con tal de no romper las reglas legales y morales, es perfectamente aceptable y deseable que los

2. El *Llanero Solitario. Historia de un rural de Texas,* Barcelona, Fher, 1967, pp. 48, 49.

hombres sigan disfrutando del beneficio de la tierra y de los bienes de que son dueños. El Llanero sólo es dueño de su capacidad y ética, y con ello consigue a su caballo. Bruno es el poseedor legal del derecho a cazar potros, y al limitar su búsqueda a aquellos lugares moralmente sancionados, consigue también sus caballos. Veremos después que la diferencia entre ambos, el interés de Bruno y el desinterés del Llanero, es lo que fundamenta la acción justiciera de este último. Pero por ahora lo único que hay que retener, con los ojos levemente humedecidos por la emoción, es este mensaje y lección para los lectores jóvenes: ¡que el sentido común y la lealtad de un caballo no falte a las generaciones del futuro.!

Para asegurarnos de que no nos hemos equivocado en nuestro análisis, bastará con revisar la aventura "Fuego en el valle del potro salvaje" en otro número (Año XIX, no. 251). Nuevamente se amenaza al valle mágico: el terrateniente Frías quiere ponerle fuego para atrapar a un caballo ladrón que él afirma está ahí. El Llanero (después de ser confundido al principio con un bandolero) le dice que es imposible. "Estoy seguro que el caballo cuatrero no salió de él. Los caballos ahí nunca salen." Frías no quiere oír razones: "Pues el suyo sí salió del valle", refiriéndose a Plata. Error garrafal: el potro del Llanero ha emergido de la naturaleza para auxiliar a la justicia y nunca para destruir la propiedad privada. Es inconcebible compararlo a un equino equivocado, que llega a *robar*. Frías, para defender sus bienes materiales, destruirá los recursos naturales y espirituales: "El valle nada significa para él. No tiene para él los recuerdos que tiene para nosostros, ni le importa la vida salvaje que allí impera". Venciendo una serie de obstáculos que no es del caso señalar, el Llanero logra detener el incendio. Pero más importante es el papel que tiene Plata, defendiendo en realidad su pureza y hoja de servicios: cuando el caballo rebelde y bandolero ataca a Dan (nuevamente un niño, en este caso el sobrino del Llanero mismo, es decir el modelo y quintaesencia de toda la juventud incontaminada, acompañante ocasional del héroe) es Plata el que se interpone, derribando al asaltante y salvando a la generación del mañana. Mientras en el dibujo se ve al impostor (para colmo un caballo blanco, muy similar físicamente a Plata, algo así como su *alter ego*) gimiendo en el suelo a los pies del rey, Frías hace un comentario que demuestra que ha aprendido la lección: "¡Su caballo venció a ese potro loco! Al fin acabará la desaparición de caballos".

Es Plata el encargado de poner orden en el mundo animal cuando éste se desborda: defiende la vida financiera de Frías y la vida humana de un niño. El usurpador es calificado de "loco", un modo general en que la ideología burguesa clasifica y archiva todo fenómeno contradictorio. Considerar un elemento desquiciante como meramente anormal es negar su significación dentro de una estructura continua, desinteresarse por las causas que lo produjeron. El valle no originó a ese ser rebelde. Por el contrario, cuando sectores de la naturaleza desconocen las reglas morales que permiten una colaboración entre naturaleza y sociedad, cuando el salvajismo atenta contra el orden humano (queriendo decir el modo en que se ha organizado la producción y distribución de los bienes), será necesario volver a establecer jerarquías y fronteras. Está muy claro que Plata simboliza, constantemente, el límite que encuentran la naturaleza y la libertad en su afán expresivo, un límite económico: la propiedad privada que garantiza la continuación del género "humano".

Frías, en cambio, simboliza con su actitud final los linderos morales a la actividad económica: "Y pensar que por poco prendo fuego a este hermoso valle de los caballos. Gracias al Llanero Solitario no lo hice".

El respeto mutuo de la línea demarcatoria, el no cruzar la vía del tren que ha sido convenida como justa, adorar el tratado de paz, aprender y enseñar a la otra dimensión su lugar y prerrogativas, asegura la armonía y la paz. Los caballos no deben robar los caballos de los terratenientes y los terratenientes no deben incendiar el valle originario de los caballos. Todos felices.

Pero hay una diferencia, que ya anotamos. El ladrón debe ser reducido por la fuerza. El cambio en el dueño del medio de producción se desarrolla por influencia de su conciencia, por su transformación moral.

Sin embargo, en ambos casos, —uso de la violencia, uso de la persuasión— quien resulta ser el factor detonante es el Llanero Solitario. Parecería ser el momento para preguntarnos acerca del héroe.

Capítulo III: en que nuestro héroe encuentra ciertas dificultades para llevar a cabo sus propósitos

Hasta aquí hemos puesto el énfasis en los problemas que se superan, en lo que podríamos llamar la definición ideológica del dilema fundamental a resolver. Esto nos permite plantear una posición teórica y metodológica que va más allá del episodio analizado: toda obra subliteraria o producto cultural masivo que utilice la ficción como fuente de entretenimiento y dominio emocional o intelectual, se desarrolla siempre de una manera idéntica. Se plantea un problema central, lo que es posible denominar situación de crisis. Esto significa que algún ser o situación está cuestionando ciertas leyes de funcionamiento de ese mundo. Pero lo fundamental, en la región de la ideología, es que ese hecho es calificado automáticamente como un elemento perturbador, crítico, molesto.

Esa crisis va a ser derrotada en la obra, porque ha sido definida de antemano, desde un principio, como una contradicción que tiene salida en ese mundo específico. Así, por ejemplo, el Llanero puede salvar el valle del potro salvaje, pero si Bruno fuera un ser absolutamente inescrupuloso (como, en efecto, ocurre en el caso de la mayoría de los terratenientes), el Llanero tendría que decidir si usar la fuerza (y atropellar la legalidad o, lo que es lo mismo, la propiedad privada y el derecho a su goce que tiene Bruno) o acatar la ley (y que destruyan el valle, que es esencial para él mismo y para la vida del Oeste). Pero el Llanero no tiene para qué enfrentarse a ese conflicto. En ese mundo, los terratenientes son sentimentales, tienen hijos puros y son capaces de disminuir sus ganancias en bien de la comunidad.

Ya veremos que esto quiere decir que la subliteratura, para conseguir sus propósitos, para que el héroe *pueda* cumplir la misión encomendada, debe asegurarse que el modo de resolución pueda, en efecto, enfrentar y superar la crisis.

Esa crisis, para tener significado ideológico, debe estar esbozada en términos que permitan que ésta pueda ser reconocida por el lector como algo que a él le preocupa en su mundo real. Para esto se toma una situación contradictoria, que es consecuencia de una realidad social determinada, que tiene causas y consecuencias. Y que existe solamente en virtud y en relación con otros fenómenos, y se la presenta dentro del mundo imaginario desvinculándola de esas causas y consecuencias, cambiando su relación, su integración a un enjambre de hechos determinantes. En el caso de la sobre-explotación de los recursos naturales, el guionista se ha quedado con el fenómeno, la amenaza, el problema, pero no ha presentado las verdaderas causas, ha eliminado el origen de la crisis. Se ha quedado con la crisis misma, se ha quedado con una apariencia de crisis que vale por la realidad, que representa para el lector su experiencia, que pueda ser identificada por él. La trasgresión corresponde estructuralmente a situaciones que el lector puede discernir y ubicar en su propia vida. Se abstrae la verdad y se hace funcionar la cáscara.

En otro episodio, por ejemplo, hay un empleado de ferrocarril que se ha jubilado y que, sin ánimo, desea suicidarse. Con la ayuda del infaltable Llanero logra demostrar su utilidad a la sociedad, salvando el tren de unos también infaltables forajidos. Ese empleado *representa* para el lector la situación de la vejez en nuestro mundo. Pero los jubilados en la realidad cotidiana son una denuncia constante de la explotación de que han sido objeto, de la estructura cruel de la familia, de los fenómenos de cesantía temprana, del eriazo en que se sumergen quienes ya no disponen de fuerza de trabajo que vender. El guionista se ha quedado con la pura superficie de la vejez, la presencia física, las actitudes exteriores, las típicas palabras, la situación anecdótica y hasta pintoresca, y, en cambio, ha relegado al olvido causas y resultados. Ese viejo ha sido suficientemente definido como viejo para aceptar su problema e identidad, pero no se le permite al lector enfrentarse a las razones de ese problema, lo que incapacita al consumidor (y al protagonista) para superar las causas. Lo mismo ocurre en cada episodio de cada revista de producción cultural masiva.

—Lo he estado buscando, Cobos. Me despidió sin ninguna causa —dice un grueso y siniestro personaje en "Complot fracasado", otra aventura protagonizada por el Llanero.

—Gart —contesta Cobos, el patrón—, usted sabe por qué lo despedí. Le había advertido cómo debía comportarse y se dedicó a beber y a jugar con hombres como Kat y Bunt.— Lo dice el que lo ha echado de su trabajo. Y para rematar el asunto, después de propinarle un contundente golpe, agrega: —Pese a que había estado en la cárcel, le quise dar una oportunidad, pero me falló, Gart—.

Para el lector, hay aquí una situación típica que él puede apreciar a diario: el despido de un hombre que no tiene otra fuente de sustento que su propio cuerpo. Razones científicas de esa actitud: la burguesía tiene que comprar ese trabajo a un costo real cada vez menor, genera necesariamente cesantía y competencia entre los trabajadores. Razones aparentes del despido: pereza, borrachera, malas compañías, antecedentes delictivos. El lector se queda con la presunción del verdadero dilema. La crisis que se establece en el interior de la ficción viene a ser el eco y la anticipación de una crisis supuestamente similar (estructuralmente comparable) que el lector ha enfrentado en el contradictorio y apremiante mundo real. La definición ideológica del problema fundamental a resolver, y de cada una de las situaciones conflictivas y de cada uno de los agentes del desequilibrio, es esencial para que pueda haber solución. Hay que imaginarse al Llanero confrontando el problema de la cesantía misma en vez de un despido por comportamiento incorrecto, intentando solucionar la terrible contradicción de la vejez en nuestra sociedad en lugar de darle una mano a un empleado jubilado.

Habiendo el lector identificado el problema como verdadero, como una disyuntiva que le concierne, aprenderá en el episodio, bajo el disfraz de la diversión y la aventura emocionante, el modo en que el *mundo real* ha de enfrentarse a ese problema. Por lo tanto, la definición ideológica de la contradicción permitirá también el traslado de la solución ficticia al mundo real. Se han eliminado las causas de ese fenómeno y se deja su apariencia, el árbol sin las raíces. El modo en que se va a resolver esa duda en la ficción va a ser la prueba del modo en que también debería resolverse en el plano real, aunque el problema en el plano real tiene causas también reales que no han sido incluidas en la definición de la dificultad a superar.

El objetivo inconsciente de la literatura masiva es, por lo tanto, capacitar al lector ideológicamente para que interprete sus incesantes problemas reales desde un punto de vista y desde una posible solución predeterminados y prejuiciados, desde la ideología de la clase económicamente dominante.

Ahora sí podemos examinar los factores que permiten superar el dilema esencial.

El elemento fundamental de la serie *El Llanero Solitario* es, como su nombre implica, la presencia sobrecogedora de la figura del héroe. Esto se da en toda historieta o folletín de aventuras: la acción se centraliza en torno a los esfuerzos de un protagonista espectacular que, generalmente, se repite de una entrega a otra. Sin embargo, tal como hemos visto, junto a él actúa un conjunto de hechos, actitudes y situaciones aparentemente secundarias (la casualidad, suerte, azar, la moralidad y psicología de ciertos aliados, la ausencia de ciertos obstáculos que serían insalvables en la cotidianeidad), que tienden a domesticar al elemento perturbador por medio de ciertas leyes naturales y sociales, que funcionan en colaboración con el héroe, pero con paralela autonomía, al margen de su hegemonía inmediata. Podríamos sugerir que todo producto cultural masivo que usa la ficción tiende a utilizar esos mecanismos. En lugar de un super-héroe, en la fotonovela encontramos que el Destino (casi la personificación de los mejores deseos y merecimientos éticos de los ''buenos'') va a resolver todo.

En el episodio que analizamos vimos que se quiere dar la impresión de que hay una crisis, pero que ésta, con la ayuda del Llanero, tiende a equilibrarse sola. El héroe no puede ser el único factor condicionante. Hasta hemos observado que para eliminar el elemento crítico (en este caso, los excesos del capitalismo) se tienen que desarrollar direcciones y tesis que, de llevarse a sus lógicas consecuencias, podrían también por su lado generar problemas, tal vez mayores que los que solucionan (el caso del retorno a la naturaleza y a la inocencia, orientación peligrosa). Así, el sistema comunicativo mismo genera un contraequilibrio (Plata pone las cosas en su lugar).

De manera que podemos establecer que toda obra subliteraria se nuclea en torno a una situación crítica que es *inevitable*, pero que consoladoramente puede ser resuelta, que en definitiva termina por desplegar en forma victoriosa la capacidad de recuperación —la salud interna— del mundo. Si bien esa crisis conmueve la sociedad, lo hace de un modo transitorio. Se pone a los nervios del lector en tensión, para después calmarlo: él sabe que el sistema tiende a autorregularse.

Los productos industriales culturales desatan dentro del lector y del mundo una situación difícil e inquietante, pero sin exhibir aquel factor, el único que podría de verdad resolver esa contradicción.

> Así puede suscitarse la apariencia —dice Lukacs— [3] de que las "leyes de la economía" pueden sacar al sistema de la crisis igual que la han llevado a ella; mientras que la realidad es simplemente que la clase de los capitalistas ha conseguido —gracias a la pasividad del proletariado— superar el punto muerto y volver a poner en marcha la máquina. La diferencia cualitativa entre las crisis anteriores y la crisis decisiva o "última" del capitalismo (la cual, evidentemente, puede ser una entera época de crisis singulares sucesivas) no estriba,

3. George Lukacs, *Historia y conciencia de clase,* México, Grijalbo, 1969, p. 256. El trozo sigue: "La organización del proletariado, cuya finalidad ha sido siempre 'terminar con las catastróficas consecuencias que tiene para su clase aquella ley natural del capitalismo' (cita de *El Capital* de Marx), sale del estudio de la negatividad o de la eficacia meramente inhibitoria, debilitadora y frenadora, para pasar al de la actividad. Entonces se altera cualitativamente, decisivamente, la estructura de la crisis. Las medidas con las cuales la burguesía intenta superar el punto muerto de la crisis, medidas que, abstractamente (o sea, sin tener en cuenta la intervención del proletariado), están hoy a su disposición igual que en las crisis del pasado, se convierten en abierta guerra de clase. La violencia se convierte en potencia económica decisiva de la situación" (pp. 256-257).

pues, en una simple mutación de su expansión y su profundidad, de su cantidad en cualidad. O, por mejor decir, esa mutación se manifiesta en el hecho de que el proletariado deja de ser mero objeto de la crisis y estalla plenamente el antagonismo interno de la producción capitalista.

Lo que hay detrás del fenómeno de la literatura de masas es presentar una crisis típica e identificable, pero sin un proletariado que pueda hacerse sujeto transformador de ella. El conflicto que se desata en el interior del mundo ficticio corresponde, por reconocimiento estructural, por repetición configurativa, por sistema de relaciones reductibles, por similitud de apariencias y vivencias, por funcionamiento ideológico paralelo, a un problema que se vive en el mundo real y, en definitiva, corresponde a la gran crisis, permanente, del mundo capitalista como tal, su ramificada contradicción siempre a punto de quedar al desnudo, su constante ordenamiento de la inestabilidad y la inseguridad. La solución que se encontrará para esos problemas machaca la idea —que por lo demás parece evidente, casi trivial, para quien sufre impotentemente la historia día a día, que vive como cotidianeidad su ser de objeto de un proceso que lo sobrepasa y anonada— de que la crisis se resolverá sola, de que el sistema siempre vuelve a equilibrarse, de que existen mecanismos reguladores automáticos.

Es el optimismo que ha proclamado el capitalismo como su filosofía vital, y que ha encontrado en Hollywood su encarnación triunfal. El arreglo y acomodo, lo que se ha dado en llamar el *happy end,* no es sólo una evasión dulcificada y meliflua. Responde a un ansia que sienten los habitantes de las llanuras capitalistas, donde cazan y son cazados. Precisamente la literatura de élite desde 1800 en adelante ataca esta noción y, por el contrario, se encierra en la sensibilidad del hombre como víctima y fantasma, deshojándose en el profundo drama de la enajenación capitalista, pero haciéndolo inevitablemente para un círculo selecto y con métodos a menudo incomprensibles para la gran masa.

Nada es más interesante, en el plano de la cultura, que la observación de que a medida que el arte del siglo XX (drama, pintura, poesía, música, novela, etc.) ahonda en los fragmentos de este objeto humano que quisiera controlar su destino, el arte de masas reafirma que esa contradicción es superable, y —en el caso de las historietas de acción— exalta la intervención consciente, la aparición justamente de un sujeto. Ese individuo puede modificar la historia, superar la crisis. Es el héroe.

Esto no significa que la subliteratura tiene por función *responder* a los problemas que la literatura está planteando. La mayoría de quienes leen y escriben los productos industriales de ficción ni siquiera saben que el antihéroe se autoanaliza en el rincón de alguna novela de minorías ilustradas. Pero sí están contestando al mismo fenómeno, desde otra parte, invirtiendo el mensaje muchas veces pesimista, de los escritores y artistas, y negando, en todo caso, el lenguaje renovador del arte.

Por eso el héroe debe enfrentarse con los puntos de ruptura del sistema ideológicamente clasificados, los sitios neurálgicos, donde se pone en evidencia la contradicción básica insalvable y sus derivaciones y subdivisiones en todos los órdenes, postulando que es posible transformar el mundo y armonizar esa situación conflictiva. A la larga son esos problemas los que sanan y remedian el cuerpo social. Visto desde una perspectiva madura, es bueno que Bruno haya tenido esa experiencia para poder corregir sus errores y presentarse ahora como guardián del valle. A lo mejor antes no se había dado cuenta; de un indiferente se ha convertido en un proselitista. Al tener el Llanero un heredero y vicario espiritual, puede proseguir su viaje. Se ha avanzado.

Siendo el héroe el elemento decisivo en este cambio, no se opone al mundo, no se rebela contra las leyes de ese universo, sino que, por el contrario, aparece como la emanación natural y moral de esas tendencias, como quien lleva a cabo en el plano de la aventura los mandatos de las normas trascendentes o el que permite con su fuerza y habilidad que esas leyes puedan actuar por su propia cuenta, para que el sistema pueda mostrar, sin interferencias, su incesante autorregulación mecánica. Si el Llanero se revela como el sujeto de la acción y no el objeto, es porque él representa la conciencia de ese proceso, el conocimiento que el sistema hace de sí mismo para buscar su equilibrio natural, el último empujoncito. Todo en ese mundo está enrielado espontáneamente hacia la solución correcta. La presencia del Llanero va a confirmar y remediar esta tendencia, posibilitarla, ejecutar las acciones imprescindibles para que ese caos vuelva a la normalidad. Es la última gota que, en lugar de rebalsar la taza a punto del desborde, aquieta las aguas.

Por eso, la llegada del superhéroe es siempre providencial. Sólo se produce la intervención cuando se ha planteado ya el primer signo del desequilibrio. La alambrada de púas corta el camino libre, la manada de búfalos cruza la vía del tren, se está asaltando la diligencia. Las fuerzas internas que tienden hacia el equilibrio y la bondad están en momentánea retirada. Por sí solas perderían la batalla, de manera que el único ingrediente que a la realidad contradictoria y difícil le hace falta es el Llanero, que deberá *llanerizar* la realidad, igualarla a su ser perfecto e incorruptible. Basta con que se castigue a los infractores o que reconozcan sus errores los equivocados, para que ese sector del Oeste se transforme en el Llanero mismo, para que el héroe pueda apuntar hacia otros horizontes, aventuras, revistas, seguro de que la armonía alcanzada se debe a que no queda un solo factor que no pueda conciliar con su vara de medir. Se ha moralizado esa zona: el subdesarrollo moral de esa región se arregla con una inyección de superdesarrollo moral del Llanero. Salvado ese único problema, corregido el único defecto en el puente, el mundo recobra la consistencia que hubiera tenido de no manifestarse la maldad.

Esto significa que el Llanero mismo no tiene contradicciones internas de ninguna especie. Puede cambiar la realidad, pero no puede cambiar él. El exceso de movimiento que despliega: viaja, rompe, dispara, salta, galopa, grita, hierve de actividad, encubre el hecho de que él mismo nunca aprende del proceso. Toda la agitación del héroe aspira finalmente al reposo del mundo, a su retorno a la estabilidad, a su conservación. La satisfacción del lector, el destierro de su inseguridad, puede sintomatizarse en el cuadro final: el coro identifica al personaje, su fama ya se ha propagado a otra región más, todo se ha contagiado de su bondad, resuenan sus famosas últimas palabras. Le espera otro episodio idéntico: rompimiento del orden, azarosa llegada suya, vaivenes, solución, vuelta al reposo, nueva búsqueda. En cada aventura acumula bondad, éxito, fama, pero no se pueden sumar, porque no hay mejoría en una persona que nunca puede estar enferma. Corre tan rápido, circunvala el globo con tanta eficiencia, que en realidad está siempre en el mismo lugar, marcando el paso. Por eso se puede leer cualquier episodio en cualquier orden. Lo que desea es que ese lugar en que ha intervenido sea igual a él: inmutable y consumado.

Cambiar el mundo, para el lector, no aparece como algo negado por la historieta. Por el contrario, se toma toda la rebelión y la energía, toda la agresividad, toda la necesidad e instinto de transformación, y se le da un canal apropiado: se presencia y se coparticipa en una batalla justa para superar problemas que el lector siente profundamente, que lo perturban, y que identifica con situaciones intolerables en su vida cotidiana. Pero el cambio es sólo aparente: no se altera la realidad ni al Llanero tampoco. Bajo el manto de la variación, se conserva el mundo tal cual estaba antes de que le fuera forzoso al Llanero intervenir para purificar esa corrompida atmósfera, para devolver al Oeste su edén sin pecado, para limpiar a la naturaleza de los errores humanos y para limpiar de la humanidad los desbordes naturales. Es la repetición circular, la superficial renovación de la moda, de todos los productos de la industria cultural, y de las revistas dentro de las cuales estos personajes desarrollan sus heroicas y confinadas existencias[4].

Sin embargo, aquí se nos presenta una duda. Hemos dicho que, para que la subliteratura cumpla su función de

---

4. Para los folletines del siglo XIX esto significaba la redundancia sinuosa de los elementos hasta lograr su asimilación (no se estaba en un período de masificación como el nuestro ni se hallaban perfeccionados los medios técnicos). Es la estructura del consuelo, desde el principio de los mensajes burgueses industriales: "La tranquilidad que, en la novela de consumo, reviste la forma de consolación como cumplimiento de lo esperado y que, en su formulación ideológica, es la reforma que modifica una parte para que todo permanezca como antes, es decir en el orden, que nace de la unidad de la repetición y de la estabilidad de los significados asimilados. Ideología y estructura narrativa se unen en una fusión perfecta." En Umberto

dominación ideológica, es esencial que el modo en que se *solucionan* las contradicciones de ese mundo equivalga a modos y perspectivas estructurales de solución vigentes y delineados en la realidad cotidiana del lector. El consumidor tiene que aceptar que ese tipo de superaciones sirve para ese tipo de problemas. Hay que preguntarse si el modo en que el superhéroe enfrenta y derrota esos desequilibrios corresponde a alguna fuerza (o fuerzas) en el mundo real que el lector pueda identificar como energía o dirección, con las mismas potencialidades, relaciones, propósitos. Por ejemplo, el individualismo del Llanero Solitario. El modo de producción capitalista entrena y exige a explotadores y explotados que vivan como representación cotidiana el mandato de resolver los problemas con el dispendio de nuestra soledad y en oposición a los demás. Incluso se nos ha enseñado que precisamente muchas veces se fracasa porque no se le *gana* a los demás. La ideología dominante, el sistema productivo mismo, ha preparado a cada lector a sentir que el modo en que el Llanero se enfrenta a las coyunturas dolorosas, en cuanto individuo irreductible, en cuanto gran macho, es absolutamente natural y encomiable. Lo mismo puede afirmarse respecto al *paternalismo* del Llanero, su emergencia desde fuera del mundo, su solución desde arriba, su evidente superioridad, sus gestos *caritativos*. Que las soluciones a nuestros desórdenes no pueden surgir desde la realidad misma que los ha generado es uno de los mitos más propalados dentro del sistema capitalista, y más aún en sociedades dependientes como las latinoamericanas. Podríamos seguir con el racismo, el moralismo, el psicologismo, todos fenómenos ideológicos

---

Eco, *Socialismo y consolación,* Barcelona, Tusquets, 1970. Por otra parte, el mismo Umberto Eco, en un estudio sobre "El Mito de Supermán" en *Apocalípticos e integrados ante una cultura de masas.* Barcelona, Lumen, 1968, se ha acercado al problema de la estructura iterativa y su necesidad para el superhéroe. "La trama debe ser estática y eludir cualquier clase de desarrollo, porque Supermán *debe* hacer consistir la virtud en varios actos parciales, nunca en una toma de conciencia total" (p. 295). Por haberlo estudiado con tanta perspicacia allí, nos ha parecido innecesario volver a insistir en los sustentos y procedimientos formales que organizan en un todo estético este tipo de mensajes.

bastante estudiados y que se exponen aquí con una ejemplaridad lamentable.

Así, el Llanero representa fuerzas que el lector está acostumbrado a sentir actuando todos los días. Es el azar, la bondad, la naturaleza, fuerzas inconmensurables, milagrosas, inasibles. Es una realidad que se corrige a sí misma, que no permite que el dolor y la destemplanza triunfen. Es la garantía del funcionamiento del universo, la expulsión de Satanás, un mundo que vuelve a la quietud y al equilibrio naturalmente, por propia y espontánea generación. El Llanero es el hijo de lo natural y de lo legendario, es el guardián de las leyes eternas y divinas que la humanidad hereda y venera.

Nada de esto constituye una novedad. Todos los estudios sobre la ideología, toda denuncia de los mitos con que la clase social dominante ha reproducido y asegurado su denominación, auscultan estos procedimientos. No debe extrañarnos que el Llanero concurra a cobrar su cuota, que los guionistas encaminen a sus protagonistas por las acostumbradas pautas y mecanismos autoritarios y tradicionales. No es una conspiración. Es el resultado inevitable del sistema económico imperante y la forma en que la conciencia trata de seguir funcionanado dentro de él.

Pero estos rasgos generales aparecen en toda producción masiva cultural. Barthes en *Mythologies,* ya definió a la mayoría de éstos, lo que llama la retórica de la burguesía, "un conjunto de figuras fijas, reglamentadas, insistentes, en las que vienen a ordenarse las formas variadas del significado mítico".[5] Lo que hay que preguntarse es por la *especificidad* del Llanero Solitario, lo que significa comprender las razones profundas de su popularidad o, lo que es lo mismo, la necesidad que algunos estratos del público tenían de un personaje que obedeciera precisamente a esos rasgos particulares. Si pudiéramos aislar y detallar la significación ideológica especial del Llanero, sería posible quizás comprender al mismo tiempo el sentido político del resto de los superhéroes.

5. R. Barthes, *Mythologies,* París, Editions du Seuil, 1957.

El Llanero Solitario se define como un ser que busca e impone la justicia, que jamás descansará hasta que todo el espacio humano haya sido sometido al orden, a su orden, a su profilaxis. Para esto se ha enmascarado y usará balas de plata ("como símbolo brillante de mi implacable justicia", p. 35, *Historia de un rural*). Para conseguir esos efectos, está superdotado física e intelectualmente, aunque no presenta rasgos sobrenaturales como los de Supermán. Prefiere la persuasión antes que la fuerza, pero siempre se ve forzado a utilizar la violencia para redimir la situación. Hay límites, sin embargo, que pareciera que él mismo se hubiera impuesto: nunca mata a nadie[6] (y rara vez hiere o saca sangre siquiera) y jamás desobedece la ley oficial. Aunque siempre gana, no recibe una recompensa. No saca provecho, por lo tanto, de sus habilidades, sino que se coloca al servicio de la comunidad entera. Tampoco tiene un sueldo, puesto que no pertenece a la policía. Satisface sus necesidades, que son mínimas y básicamente bélicas, por medio de una mina de plata de la cual es afortunado dueño. La naturaleza, por ende, lo surte directamente. Un viejo trabaja la mina. ("—Escucha, amigo mío. La mitad de esta mina pertenece a la esposa y al hijo de mi hermano —muerto por los bandidos—. Yo sólo quiero suficiente para mis necesidades y mis balas. Lo demás es tuyo.")[7] Lo acompañan un indio fiel, Toro, y un caballo blanco, Plata. A veces se agrega el sobrino, Dan.

---

6. En una nota (p. 291, *Apocalípticos*), Eco señala este fenómeno: "Es preciso observar que cada uno de estos héroes evita la sangre y la violencia: Batman y Green Arrow, que son seres humanos, no pueden dejar de golpear con saña a sus adversarios (pero, de todas formas, nunca los hieren: con mucho, el malvado perece en un trágico incidente, cuyo responsable remoto es él mismo; pero Supermán, El Sabueso de Marte y Flash, que es humano pero reengendrado por acción química, evitan simplemente causar lesiones sin motivo; Supermán habitualmente, para capturar una banda de traidores, no hace otra cosa que levantar el coche que los recoge o la nave o el edificio)".

7. *El Llanero*, p. 33.

Entre todas estas características que se duplican bajo una u otra forma en otros protagonistas de historietas de acción, parecería destacar una en especial: la máscara que nunca se saca. Diferencias con Batman, el Zorro, el Fantasma, etc., que además del capuchón tienen otra personalidad. Supermán, aunque no está enmascarado, está por lo menos disfrazado, en tanto nadie conoce su verdadera identidad (Clark Kent). Es evidente que una vez que estos héroes están enmascarados actúan de un modo similar al del Llanero (justicia, fuerza, acompañante, etc.), pero el hecho de que nuetro objeto de análisis permanezca siempre anónimo y no tenga un lado diurno en el cual desterrarse lo coloca en una situación inédita, bajo una tensión constante. La presencia incesante de este antifaz es un extremo en el caso de los superhéroes que no se puede, por definición, sobrepasar. Al constituir un caso límite, el Llanero Solitario va a permitirnos asediar la clave de las raíces ideológicas de todos los protagonistas de las historietas de aventuras.

La razón que el Llanero mismo proclama para su situación es que él ha sido oficialmente dado como muerto (ya que Toro fingió su tumba, para que los bandidos que trataron de matarlo cuando era un rural de Texas no lo buscaran): "Y ya que oficialmente estoy muerto... muerto seguiré para el mundo y realizaré mi labor sin impedimentos. Me cubriré el rostro con un antifaz y no cejaré hasta entregar esos criminales a la justicia".[8] Es evidente la intención de representar el anonimato de la justicia, la dedicación a una causa hasta el punto de perder la personalidad propia, el alejamiento de las aspiraciones cotidianas. El rural de Texas ha muerto y sólo existe en cuanto personifica ahora la sed de orden y paz.

Si bien los otros superhéroes no llegan tan lejos, también se puede convenir en que hay una especie de muerte en la forma en que tratan a su personalidad no-heroica, que acumula todas las burlas, cobardías y limitaciones que sufren los hombres comunes. Ese otro yo es el que acarrea, de vez en cuando, muchos dolores de cabeza a los protagonistas,

8. *Ibíd*, p. 29.

porque siempre alguien está a punto de descubrir el secreto. Notemos que, en el caso de ser revelado que Clark Kent es Supermán, que Bruce Wayne es Batman, etc., la única alternativa para los protagonistas sería abandonar su lado luminoso y cotidiano, y, al matar a su yo privado y social, caerían automáticamente en la situación de eterno exilio y vagabundeo del Llanero. Por eso es interesante constatar que la decisión del Llanero le significa más barreras para su tarea que una ayuda efectiva. Porque si bien a Don Diego ocasionalmente (menos del 50% de las aventuras que hemos computado) se lo amenaza con el descubrimiento de que es secretamente El Zorro, el caso del llanero representa un peligro del 100%. No hay *una* aventura en que no corra peligro inmediato, casi siempre en los primeros ocho cuadros, debido a la forma en que específicamente simboliza su entrega total a la acción justiciera. El llanero tiene que triunfar *a pesar de la máscara,* tiene que probar su honestidad y dedicación *porque* está enmascarado.

La primera reacción frente a su mera presencia es un intento de agredirlo. "Esa máscara es razón más que suficiente." En lugar de reconocer en él a un representante de la bondad y del desinterés, se lo estigmatiza como la perversidad misma, en todas sus formas. Nunca dejan de lado la desconfianza quienes lo rodean, quienes terminan por aceptar con reserva su auxilio. ¡Cuántas veces es acusado de ser el culpable de aquellos actos que precisamente él busca eliminar! Apenas surge una situación ilegal, quieren apresar al Llanero. Si él es testigo, no le creen. Si quiere salvar a alguien, no le prestan colaboración. Tiene que ganarse la oportunidad de hacer justicia, luchando tanto contra los perturbadores como contra la máscara que él mismo se ha puesto.

El único caso, en el cuerpo de aventuras que hemos leído, en que se saca la máscara, es ilustrativo de esta situación. ("Un disfraz efectivo", Año xx, no. 266). Alguien está extorsionando a los obreros del ferrocarril, exigiéndoles parte de su salario como "protección". Como ellos no quieren informar a Toro (que es atacado por el capataz), la única salida es que el Llanero se disfrace de obrero, a raíz de lo cual se da cuanta de que no es el capataz el que roba a los obreros sino un grupo de bandidos-gangsters. Notemos, de paso, que se toma una situación real (es cierto que alguien se está apropiando del trabajo de los obreros en la vida diaria del lector) y se afirma tajantemente que no es la compañía o el capataz quien realiza esa acción. Al desaparecer los ladrones también desaparece la apropiación ilegítima del trabajo de los obreros. Lo que hay que hacer es defender el sueldo que se les paga, porque es justo. Lo que se debe abolir no es la explotación, inexistente, sino la extorsión y el latrocinio, existentes.

Pero lo que nos interesa aquí es la máscara. Como los obreros por su propia cuenta son incapaces de organizar la resistencia y ni siquiera de pedir socorro a la ley, el Llanero deberá disfrazarse. En el momento de apresar a los delincuentes, sin embargo, vuelve a ponerse el antifaz. Claro que los criminales no tienen miedo "No podrás probar nada, pues ningún trabajador se arriesgará a acusarnos." Y en el juicio, le dicen al juez (que exige un testigo) "El enmascarado es quien debe ir a la cárcel. Nosotros somos honrados". Lo que fuerza al Llanero a asumir nuevamente el papel de obrero que acuse a los ladrones y consiga la condena de éstos.

Esto demuestra las dificultades inherentes al papel permanente que ha adoptado: no pudo haber elegido un camino menos apropiado para asistir a la justicia. Disfrazarse de bandido para infiltrar a los que están fuera de la ley (como en la teleserie de hace unos años, *En la cuerda floja*) se puede entender como un buen truco; pero presentarse a los agentes de esa ley, o a los asolados por aquellos bandidos, bajo la apariencia física de un forajido es una insensatez de marca mayor. El que quiera ganar una carrera no se amarra los pies.

¿No se amarra los pies?

Depende. Tal vez en eso consista la originalidad y la profunda atracción del personaje. Demostrar que con los pies amarrados corre más que otros que los tienen libres. Demostrar que el Llanero, con máscara y todo, puede tener éxito donde otros fracasan.

En efecto, el Llanero reproduce el mito de la movilidad social de la burguesía, la versión que los dueños de los medios de producción alientan acerca del origen de su propiedad. Todos principian en teórica igualdad de condiciones y algunos, por mérito, alcanzan la prosperidad. Mediante esta competencia en que se imponen los mejores, se resguarda y activa toda la sociedad.

En el caso del Llanero, el héroe parte de menos cero, parte con una valla al parecer insalvable, que desanimaría a cualquier otro. Empieza la carrera con un handicap terrible, muy atrás del montón, pero siempre gana. He aquí un ejemplo tonificante para cada lector. No importa que usted sea marginal, que lo traten de ladrón, de elemento peligroso, que desconfíen de sus capacidades e intenciones. Eso se prueba andando. Usted tiene que ganarse, tal como lo hace el Llanero, el derecho al éxito. Es posible superar las limitaciones naturales o artificiales, siempre que uno sea bueno, y esté seguro de la justicia de sus aspiraciones. Así se crearon todos los hombres que ahora tienen fortuna y poder: mediante su trabajo, contra la adversidad, contra factores que parecían negativos. Todo ser que está en condiciones inferiores respecto de los demás en el punto de partida (y debemos suponer que todo el que compra y disfruta regularmente este tipo de revista estaría en esa condición economicosocial) debe aprender del Llanero Solitario el ritmo y dirección de su propio surgimiento. Lo que atestigua, por otra parte, que quien no logró llevar a cabo ese modelo de movilidad simplemente no podía hacerlo, *no se lo merecía*. Si después de mucho esfuerzo siguen desconfiando, tú sigues como un marginal, no creen en ti, puedes estar bien seguro de que se trata de un problema individual, tuyo, y no de los demás o de la organización (social) del mundo

Esto significa que la máscara es el punto de contacto entre el lector y el protagonista, el mecanismo emotivo e ideológico que permite la proyección. Se ha proclamado hasta la saciedad que los *comics* son una fantasía, el ensueño de la violencia, la evasión de lo cotidiano, libre y agresivo, etc.[9] pero esto sólo es posible si el lector puede

9. Por ejemplo, F. Wertham, *The Seduction of the Innocent,* Nueva York, Rinehart, 1954.

identificarse con el protagonista. El Llanero empieza cada episodio como un *objeto,* un extremo potencialmente pasivo de la acción: él nunca genera los problemas, pero termina la aventura como *sujeto hegemónico.* Frente a la acción se encuentra en una encrucijada similar a la del lector concreto y real, sumamente asfixiado por su máscara.

Pero, ¿cómo se entiende que, una vez producida la identificación, el lector siga como acompañante del Llanero? Porque la transformación del Llanero de objeto en sujeto reproduce para el lector su propia forma de lectura del episodio mismo. La experiencia que tiene un lector al leer el Llanero es idéntica a la manera en que el Llanero supera las limitaciones que le impone su inferioridad voluntariamente asumida, y que le permite ser el rey de ese mundo. La acción del protagonista y la catarsis del lector (que así, con el perdón de Aristóteles, la llamaremos) se desarrollan simultáneamente, hay un refuerzo mutuo. El lector pasa del desconocimiento hasta el conocimiento, desde la pasividad hasta el reconfortante dominio del qué-va-a-suceder; las tensiones y líneas móviles que se generan se van resolviendo placenteramente a través de la lectura hasta finalizar en el reposo del último cuadro, la tanta acción se satisface y sacia en la tanta tranquilidad. Todas estas características estáticas limitan, anticipan y sustentan la acción misma del Llanero, que parte desde la incertidumbre, el conflicto, la posible pérdida de su vida e ideales, hasta alcanzar la victoria final, en que el mundo vuelve a dormitar con armónicos ronquidos. A través de la ficción el lector tiene la experiencia de superar su condición de objeto, su enajenamiento. Al disolver el Llanero, partiendo desde la situación del lector, una crisis que verdaderamente preocupa a éste, lo libera de tener que enfrentar él mismo esa problemática, de tener que transformarse él mismo en sujeto de la historia.

Parece que hemos descubierto al fin y al cabo el secreto del Llanero Solitario. Todos los héroes parecerían compartir, de una u otra manera, este mecanismo de identificación. El héroe es un ser inferior que llega a ser superior, representando de alguna manera a todos los que se quedaron atrás y abajo, adorándolo entusiasmados. Otto

Rank ha estudiado el fenómeno,[10] buceando en su raíz psi-coanalítica y simbólica, fundada en la imaginación (colectiva) que despliega el niño dentro de la familia como consecuencia de rebeldías y apaciguamientos. Este mito, que no es del caso detallar en este momento, permite que el héroe (Cristo, Rómulo, Moisés, Amadís, Supermán) tenga un nacimiento en condiciones desafortunadas, sea criado por padres adoptivos (muchas veces animales) de extracción humilde, sea perseguido por quienes deberían amarlo, hechos todos que no impiden su triunfo y el reconocimiento de superioridad, su ser de rey y representante, por lo general, de la divinidad. Por nuestra parte, nos parece que este mito, sistemáticamente presente en cada pueblo y leyenda, en que automáticamente parece encarnarse y corregirse cada ser humano verdadero o ficticio que se transforma en imaginario colectivo, se arraiga en las tensiones dentro de toda sociedad dividida en clases. El héroe puede representar las aspiraciones de los sectores oprimidos, ser uno de ellos y superar, incluso, a los sectores explotadores. Es el mito de la Cenicienta. Tal vez sea el ensueño básico, estructurador, de todo ser humano que vive disfrazadamente la lucha de clases y no quiere admitirla.

¿Habremos llegado, después de todo, al final de nuestro camino? ¿O esta cara que se escondía detrás de la máscara no será otro disfraz más, no habrá otra secreta identidad que el Llanero no nos quiere entregar?

Si quiere saber la respuesta, escuche nuestro próximo capítulo.

CAPÍTULO IV: EN QUE SE EXPLICA QUIÉN ERA NUESTRO HÉROE Y CUÁLES ERAN SUS VERDADERAS INTENCIONES

Hasta ahora, el Llanero ha aparecido como el representante y ejecutor de tendencias y mecanismos ideológicos vi-

10. Otto Rank, *The Myth of the Birth of the Hero, and other writings,* edited by Philip Freund, Nueva York, Vintage, 1959.

gentes espontáneamente en el mundo del lector: su acción ha coincidido con la forma en que el modo de producción capitalista reproduce su dominación en la mente, hábitos y vida de aquél.

Sin embargo, el Llanero tiene también una misión específica: la justicia. Hemos visto que surge en el sitio y en el momento en que hay un problema que no pueden abolir por sí mismas las fuerzas locales. Poniéndolo de otro modo: cuando las contradicciones de la lucha de clases o las crisis generadas por ella no pueden conciliarse o taparse, nace automáticamente la figura reiterada del superhéroe. Aparentemente, más allá de los intereses en pugna de los protagonistas, concierta esos intereses, impone orden, armoniza los puntos de vista, elimina al perturbador o lo adoctrina, siempre en función de los valores tradicionales, en la mira de los criterios con que la clase dominante juzga y organiza la realidad. El Llanero actúa en nombre de una "justicia" ideal y perfecta, siempre capaz de ser árbitro imparcial que no toma partido en las disputas.

De ahí que el desinterés sea esencial para la eficacia del Llanero. No recibe pago ni premio material por sus intervenciones. No tiene otro salario que la justicia y su galardón, la virtud. Por eso se convierte en el regalón de la naturaleza: sólo pide aquello que es mínimamente necesario para poder seguir funcionando, cumpliendo con su misión. Lo que la naturaleza le gratifica se invierte en el bien público y nunca en el provecho personal. La ayuda de seres "naturales", como Toro, Plata, los niños, enfatiza la pureza del Llanero. Cuando se produce —como ocurre en cada episodio— su dominación y hegemonía, el superhéroe no aparece como un tirano, sino como un ser surgido del bien mismo, de la eternidad natural, para solucionar tajantemente las confusiones y desorientaciones de la realidad. Allá donde se rompa el orden, galopa el Llanero para coser el punto de ruptura, pero de tal manera que la imposición de su voluntad no aparezca como un acto arbitrario y opresivo, sino más bien como la encarnación consecuente de un orden que, por estar más allá de los puntos de vista parciales, puede lograr un concierto de acuerdos. Como no participa en los beneficios del sistema, puede erigirse en autoridad respetada por el lector y, finalmente, acatada por los demás personajes.

"Examinada su función adentro de esa obra literaria, queda claro que, en el mundo del lector, sólo hay una fuerza en el mundo histórico que presenta su existencia y acción de esa manera: el Estado.

"A fin de que estos antagonismos", dice Engels,[11] "estas clases con intereses económicos en pugna no se devoren a sí mismas y no consuman a la sociedad en una lucha estéril, se hace necesario un poder situado *aparentemente* por encima de la sociedad y llamado a amortiguar el choque, a mantenerlo en los límites del orden" (*cursivas mías*). Y en el comentario de Lenin[12] a este trozo de *El origen de la familia,* afirma que "el Estado es un órgano de *dominación* de clase, un órgano de *opresión* de una clase por otra, es la creación del 'orden' que legaliza y afianza esa presión, siendo consustancial a la ideología burguesa presentar esa fuerza como una *conciliadora de las clases*". Cumpliendo el Llanero todas las funciones del Estado, utilizando los mismos métodos (la fuerza física y la persuasión que, en último término, está avalada por esa capacidad de violencia), regulando el mundo, poniendo coto a los excesos de la propiedad privada, defendiéndola en realidad, arreglando los puntos de vista discordantes desde un mirador que se precia de "objetividad", llevando a cabo todas estas tareas, el lector siente, sin embargo, que el protagonista no es un órgano represivo, que ni siquiera es una fuerza social sino que extrae su dinamismo de la naturaleza misma, de ese valle que precisamente defiende en el episodio central que hemos estado analizando.

De esta manera, el Llanero (y cualquier superhéroe) es, por una parte, representante de leyes ahistóricas, de validez eterna, originadas en la permanencia de la Humanidad más allá de las contingencias, representante de lo Divino,[13] sin dejar de ser, por otra, individuo, *persona,* inme-

---

11. F. Engels, *El origen de la familia, la propiedad privada y el Estado.*
12. V.I. Lenin, *El Estado y la revolución,* Quimantú, p. 15.
13. Eco, comentando el análisis de Marx y Engels de *Los misterios de París,* ha definido muy bien esta divinidad: "...este Superhombre asume las fun-

diatez. Es el hombre común que se hace Estado, es la voluntad de un ser que se identifica con la Ley. El lector puede delegar en ese yo sus energías de sujeto, porque ese ser es él mismo. Ahora empezamos a comprender que la máscara está ahí también para que haya confianza en el protagonista, para que, por muy superior que pueda ser ese héroe en capacidad y en virtud, haya familiaridad y cercanía. Los enormes poderes de todo superhéroe están relativizados por ciertas fallas o debilidades que permiten la identificación, que la exigen emocionalmente. Puede tratarse del otro lado de la personalidad del héroe, un Clark Kent debilucho y cobarde. O de la kriptonita. O, como en el caso de Mizomba y Mawa, en las historietas chilenas, el desconocimiento del origen real, el desarraigo angustioso del héroe. O la "barbarie" de un Tarzán. O, como ocurre con el Llanero, la máscara, la apariencia de bandido, la oscuridad y el anonimato de que se parte cada vez.

Pero esa debilidad, ese puente hacia el lector, es también lo que configura la oposición del superhéroe, su punto de diferenciación con el aparato oficial, público, que también tiene un lugar dentro de las historietas. La máscara del Llanero es la garantía de su marginalidad, de su vida *privada,* de su rechazo a la impersonalidad del Estado público.

Las características del superhéroe son, por lo tanto, el resultado de las necesidades del lector en el mundo capitalista, la forma en que el sistema *precisa* presentar la violencia en los medios masivos de comunicación. No por voluntad de tal o cual conspirador intelectual, sino por las exigencias que imponen las contradicciones que siente, y quiere resolver el espectador.

El superhéroe y su particular configuración tienden a reproducir la ambigüedad que sufre el hombre en relación a la justicia y la regulación de su vida en una sociedad de clases. El Llanero y sus amigos suplen, complementan y reflejan la actitud del lector ante el Estado. Como expe-

<hr/>

ciones de otros arquetipos.... Rodolphe es un Dios Padre (sus beneficiados no se cansan de repetirlo) que se viste de trabajador, se convierte en hombre y entra en el mundo. Dios se hace obrero." En *Socialismo y Consolación*, p. 24.

riencia cotidiana, el consumidor presencia la autorregulación del sistema político y económico, mediante leyes propias, supuestamente infalibles y rutinarias, en las que él interviene muy lejanamente, muy de vez en cuando, a lo sumo con una espaciada decisión electoral. Así, aunque parezca paradójico, a través de las historietas de acción, el lector participa en el ordenamiento de las leyes que imperan en su propio mundo. Personalizado y proyectado el protagonista, con el cual se puede identificar, que siente como semejante, elimina las contradicciones y problemas que lo afligen. El Estado, que está cada vez más divorciado de quienes dice representar, pasa, por medio del sujeto heroico (activo) al sujeto consumidor (pasivo).

No es por azar que, junto con el sistema formal de la democracia burguesa y el sufragio universal, se haya producido el estrellato como procedimiento habitual de configuración de la personalidad pública. El personaje y líder, que cristaliza en su individualidad las aspiraciones que se depositan y acumulan en él, aparece haciendo la historia, y a la vez es el ciudadano común y corriente, Juan, Diego, Pedro, María, el que se presenta como ayudante, dándole una manito, como Toro, una ayudita, como Robin, en su largo y difícil camino, como el mudo que acompaña al Zorro, participando en la toma de decisiones en cuanto pueda identificarse plenamente con ese personaje. Es la forma en que cada individuo supera la lejanía del Estado. En cada episodio el lector arregla y vuelve a arreglar su vida, sus propios problemas, se democratiza en la acción, compone las crisis a través de una figura mítica. El lector se hace el Estado y asume su función, se apropia ficticiamente de la historia de la cual es víctima y objeto. Forjar el mundo y la historia no es rebelarse. Es participar y aceptar. La actividad básica que todo hombre puede llevar a cabo es dejar que las leyes y los representantes (confiables) de esas leyes decidan ellos mismos cómo se van a ajustar esos problemas, que tienden automáticamente a su punto de equilibrio. Basta con que se haya dado el acuerdo con la conciencia. Eso es suficiente. Se agrega un granito más de moralidad a la gran reserva de la cual extrae el Llanero energías cada día para partir en Plata hacia la planicie del bien.

Lo que trata de hacer la subliteratura, por lo consiguiente, es que tanto dominadores como dominados carezcan de conciencia real frente a su crisis. "Sólo la conciencia del proletariado", dice Lukacs "puede mostrar cómo salir de la crisis capitalista. Si esa conciencia no existe, la crisis se vuelve permanente, retorna a su punto de partida, repite la situación."[14] En lugar de la conciencia se coloca el sistema mismo, la autorregulación de la crisis, reiterada por los episodios siempre espejeantes, estabilizándose en la repetición, superando cada uno de los puntos de ruptura del sistema por medio de las fuerzas internas del mundo y la presencia de la ley hecha persona. Las reglas autónomas de funcionamiento del universo y el Estado (el hombre individual como Estado y el Estado como acumulación de voluntades libres) garantizan la solución de los problemas apremiantes.

La máscara del Llanero permite al Estado presentarse libre de sus defectos. Día a día el lector sufre la lejanía del Estado, su burocracia, su fuerza limitante (y opresora), la incomunicabilidad y hermetismo de los fenómenos políticos, la toma de decisiones por encima de sus deseos e, inclusive, intereses. El superhéroe puede cumplir con todas las funciones de ordenamiento y justicia, pero sin encarnar las barreras y distanciamientos que antagonizan y separan al Estado de los componentes que pretende representar. La desconfianza de cada dominado frente a un poder político que ve como amenazante y tal vez peligroso, que cumple también funciones de organización, protección, y otorga beneficios, junto con la falta de participación auténtica y la transformación del hombre en una tuerca, genera en cada lector potencial de las historietas o teleseries de acción un resentimiento, a la vez que una agresividad, que los superhéroes vienen a resolver y superar.

14. Citado en Daniel Bensaid y Alan Nair, en el artículo "A propósito del problema de la organización: Lenin y Rosa Luxemburgo" p. 13, recogido en *Teoría Marxista del Partido Político. no. 2 (problemas de organización)*. Córdoba, Cuadernos de Pasado y Presente, no. 12, 1969.

El mecanismo que sella y dirige la identificación del lector con el protagonista es la creación incesante de un contrapunto ideológico: la fuerza pública dentro de la historieta misma. El Estado capitalista ejerce, en la realidad cotidiana del lector, sus funciones por medio de un aparato represivo (policía, ejército, prisiones, etc.) que controla en último término todo intento de desviación o de cuestionamiento del devenir normal del orden social. Esta fuerza pública aparece en cada episodio de las historietas de aventuras, pero el que ejerce en realidad las funciones militares, el que de hecho tiene la capacidad física de intervenir equilibradoramente, reducir a la impotencia al enemigo, aniquilar su problematicidad, es el superhéroe, que además tiene mucho cuidado de jamás *matar* (y con frecuencia ni siquiera herir levemente) al adversario. La función ideológica de la fuerza pública en la historieta es precisamente la de ser incapaz; además de burlarse del héroe y en ocasiones perseguirlo o entorpecer su sacra misión, se la muestra como ineficiente. La caballería siempre llega tarde, el sherif se emborracha, a veces hay corrupción en las figuras del "orden", el jefe de policía quiere encarcelar al hombre equivocado, etc. Claro que esta minimización de los personeros de la autoridad nunca pasa ciertos confines: al término, se entregará a los culpables a la justicia ordinaria y oficial, y el protagonista jamás romperá la ley. Sin duda, donde más se puede notar este procedimiento es en las novelas de detectives, cuyas figuras protagónicas surgen junto con los albores del Estado capitalista y la ideología del romanticismo que aisló el problema de la rebeldía y la individualidad como características que jamás habrían de abandonar las manifestaciones culturales que acompañarían al capitalismo en su fase industrial. Un estudio serio de los productos populares que se basan en la violencia tendría que analizar detalladamente las diversas variaciones sobre el tema, exponiendo cómo las relaciones del protagonista con las fuerzas del orden obedecen tanto a los estratos sociales a los cuales va dirigido el género como a la específica etapa y características que presenta el Estado capitalista en esa formación social.

Ahora hemos logrado descifrar de qué manera se confirma al superhéroe en su función de Estado. Se efectúa una *inversión*.

El poder público, que ejercita toda su capacidad en la vida del lector (dentro de los límites que la ley le otorga, aunque muchas veces puede sobrepasarlos perfectamente bien), aparece como *pasivo*, inerte e ineficiente, dependiendo de la voluntad individual de un ciudadano particular y anónimo, para poder asegurar el control de la realidad. Sin esa cooperación de parte de los superhéroes y, más aún, sin la subordinación moral y dramática incesante de las autoridades oficiales a ese ciudadano excelso y perfecto, representante de la ley que ellos no pueden implantar solos, representante de los lectores que temen a esas autoridades, es imposible el orden, la justicia, la paz social. Y para completar la inversión, el individuo, la persona, el solitario, que en la realidad del lector es pasivo, limitado, eternamente frustrándose, encarcelado en la impotencia y la falta de control de sus circunstancias y de la sociedad en que transcurre su existencia, aparece en la historieta como *activo*, dominante, hegemónico, fuente de todo poder real, necesario para gobernar de verdad, concurrente para cualquier auténtica solución.

En el caso del Oeste, donde la fuerza pública es necesariamente desparramada e insuficiente,[15] se busca un sitio donde la ley se impone más como espontaneidad (por medio de la bondad universal concentrada en algunas manos afortunadas), para poner a prueba las reservas morales de una nación. Es el tema de innumerables *westerns*: donde no está el destacamento de las fuerzas armadas, los hombres logran, sin embargo, imponer el orden por sí mismos. Hasta la ley oficial misma, en condiciones de inferioridad, tiene como misión imponerse, precisamente *oficializarse* en muchas películas del Oeste.

De esta manera, la tesis que se susurra y se sustenta es siempre la misma: los poderes públicos no hacen sino llevar

15. Lenin, *op. cit.* p. 19: "Engels señala que, a veces, por ejemplo en algunos lugares de Norteamérica, esta fuerza pública es débil (se trata de excepciones raras dentro de la sociedad capitalista y de aquellos sitios de Norteamérica en que imperaba, en el período preimperialista, el colono libre)..."

a cabo la voluntad colectiva de todos los ciudadanos. El Estado no se opone a sus componentes. Ejerce su mandato en beneficio de toda la sociedad. No sólo no es arbitraria la justicia. Se encuentra salvaguardada por individuos privados, figuras con las cuales el lector puede cohabitar y familiarizarse, que corregirán y colaborarán cada vez que estos poderes públicos dejen de administrar o fallen en su desempeño. O para ponerlo de otro modo: el Estado se sustenta en los esfuerzos de esos ciudadanos y su accionar cotidiano incesante.

La fuerza pública, que ejerce una función primordial en el Estado capitalista, pero que sólo en ocasiones de agudización de la lucha de clases aparece con sus características represivas al desnudo, ha sido definida aquí como una institución auxiliar, un mero ayudante. Su presencia tardía y secundaria no es otra cosa que la encarnación y consolidación de las posiciones que los seres privados (superhéroes y otros personajes y lectores) ya han ganado. El rey de la casa es el consumidor. El aparato militar es una mera empleada doméstica, que apoya la justicia que el sistema mismo, automáticamente, va creando, el equilibrio y el consenso que se logra a través de la historia.

El superhéroe está configurado de esa manera para permitir al hombre común apropiarse de la función estatal, ejerciendo él mismo la represión militar (interior) que acalla dudas y enemigos, y todo esto sin renunciar a la desconfianza y resentimiento frente al poder público. Los dos rasgos que se fusionan en la personalidad del héroe y que sirven de vehículo para la proyección del lector y de su situación frente al Estado son la marginalidad del protagonista (que expresa y concentra la distancia y el resentimiento frente al Estado) y sus superpoderes e invencibilidad (que expresa y concentra la admiración y temor por el poderío con que se llevan a cabo esas tareas que no parece posible obstaculizar con éxito). El superhéroe tiene, para actuar en el mundo, la misma capacidad ofensiva del poder público y la utiliza precisamente para hacer cumplir la ley. Y a la vez puede ejercer esa función desde el ángulo del hombre común, solitario y distante, permitiendo al lector participar. El protagonista rescata, para el ciudadano común, ese poder terrible, es decir, transforma la represión en aceptación voluntaria, en coejercicio de la justicia.

Como explica Poulantzas, "la represión física organizada no es directamente ejercida por los agentes en el dominio de las relaciones sociales de producción" (es decir, en la economía) "sino que está reservada al Estado"[16]. De esta manera, la rebeldía que siente el ser humano frente a la explotación de que es objeto va a chocar con el límite de un Estado que se presenta como sometido a la "opinión pública" y al control de las "grandes mayorías". La separación del Estado dentro de las historietas en un poder público que no sirve y un poder privado que ejerce todas las funciones públicas, va a orientar la rebeldía del lector para que se vuelque ficticiamente en una acción que, en vez de ejercerse *contra* el régimen como tal o contra los explotadores económicos inmediatos, compita con el aparato oficial para superarlo y dejarlo en ridículo, demostrar en los hechos su subordinación natural. No se trata de destruir al Estado, sino de cumplir mejor, oblicuamente, esas tareas, cumplirlas antes y más eficientemente.

Las historietas de acción, por lo tanto, parten del hecho de que existe antagonismo entre el lector y el Estado que se dice su representante, pero en vez de ahondar esta contradicción la traducen a términos competitivos. ¿Quién llega antes a una meta que ambos han decidido es excelente y válida? Tanto el aparato público (inferior) como el ser marginal (superior) se oponen como un todo bueno a la maldad que ha roto la armonía social. La potencialidad de rebelión del lector se encauza, por medio de estas historietas, en dos direcciones divergentes y que terminarán enfrentándose en el terreno de las acciones: se puede rebelar tangencialmente, como una competencia o una carrera, aceptando las normas vigentes y demostrando que uno puede realizarlas mejor que el aparato que se teme y admira; o se puede rebelar frontalmente, quedando definido como maldad, desvarío y criminalidad, que será reprimida justamente por el superhéroe y su entusiasta aliado, el lec-

16. Nicos Poulantzas, *Poder político y clases sociales en el estado capitalista*, México, Siglo XXI, 1969, p. 294.

tor. Se escinde la agresividad del consumidor y ciudadano en dos bandos irreconciliables, en dos energías contadictorias. Una agresividad fomentada, permitida, galardonada; otra "rebelde", destructora, generadora de más desorden. Bondad y maldad, los polos en que toda la ideología burguesa trata de bifurcar la realidad de la lucha de clases.

El lector se reprime a sí mismo, se corta su propia energía, refuerza su super-ego cuando cree que está reforzando su subconsciente. Se convierte él mismo en el Estado y el modo de producción que ampara y facilita. El lector sustituye al aparato público represivo y ejerce su función, se yergue como su guardián frente al enemigo común, que es su propia rebeldía, su propia "maldad", su propia búsqueda de verdadera justicia en un mundo donde no la hay. Su violencia misma se divide y un lado de ella aniquila al otro. La legítima, en la que él participa a través del superhéroe, coopera con el aparato oficial, mantiene los valores vigentes.

La prueba de que esta oposición entre las dos vertientes del Estado es un mecanismo de dominio ideológico lo constituye el conocido hecho de que el superhéroe, cuando hay una guerra o una emergencia nacional en el mundo del lector, es decir, en aquellos casos contados en que todos los ciudadanos se sienten representados fielmente por el Estado, ligados por la situación de catástrofe (unidad que también tiene sus raíces ideológicas y clasistas), se pone al servicio directo de las fuerzas armadas del país, pierde su desinterés. Porque en esa coyuntura no hay competencia posible y no se siente que la subordinación a la fuerza pública sea una contradicción.[17]

De todos modos, aun en los casos en que la sociedad dentro de la cual se produce la historieta no se encuentre bajo el fervor bélico, el Estado es concebido como una realidad al servicio de todos. El superhéroe rescata esta función, la asegura para los lectores, especialmente si se toma en cuenta que

17. Véase Oscar Masotta, *La historia en el mundo moderno*, Buenos Aires, Paidós, 1970, pp. 89-91.

la noción de interés general del "pueblo"[...] denota un *hecho real:* ese Estado permite, por su misma estructura —escribe Poulantzas— las garantías de intereses económicos de ciertas clases dominadas, contrarios eventualmente a los intereses económicos a corto plazo de las clases dominantes, pero compatibles con sus intereses políticos, con su dominación hegemónica.[18]

Y agrega, "pero con la única condición —*posible* en el caso del Estado capitalista— de que su poder político y el aparato de Estado queden intactos".[19]

Esto nos permite comprender las acciones del Llanero que hemos analizado, incluyendo el castigo que impone a los excesos del capitalismo demasiado expansivo de Bruno. Hemos admitido que el terrateniente podrá cazar caballos (y explotar hombres) en las llanuras, precisamente porque se ha convertido en el guardián del patrimonio común de todo el país.

El Llanero no está al servicio de Bruno, pero es la precondición para que éste no destruya la naturaleza. Y en otros episodios defenderá a hombres parecidos a cuatreros, ladrones, violadores, rebeldes, etc. El lector puede vivir en el Llanero la realidad cotidiana de que, en efecto, hay lugares amplios en que el Estado interviene para incorporar a grupos subalternos a ciertos beneficios. Siempre que no se dañe la base misma del poder político y de las condiciones esenciales para que continúe la dominación del modo de producción capitalista. Es como si Gramsci hubiera estado pensando en el Llanero Solitario cuando escribió:

> Al Estado se lo concibe, ciertamente, como un organismo que pertenece a un grupo, destinado a crear las condiciones favorables a la expansión más grande de ese grupo; pero este desarrollo y expansión son concebidos y presentados como la fuerza motriz de una expansión universal, de un desarrollo de todas las energías "nacionales", es decir, el grupo gobernante se coordina concretamente con los intereses generales de los grupos subordinados y la vida del Estado se concibe como una continua formación y superación de equilibrios inestables (inestables dentro del ámbito de la ley) entre

18. Poulantzas, *op, cit.,* p. 242.
19. *Ibíd.,* p. 243.

> los intereses de ese grupo fundamental y los de los grupos subordi-
> nados, equilibrios en que predominan los intereses del grupo domi-
> nante, pero sólo hasta cierto punto, i.e. no tan lejos como quisieran
> sus mezquinos intereses económico-corporativos.[20]

Por eso también puede el Llanero, y cualquier otro protagonista, concitar la simpatía del lector. Porque de hecho
ejerce, naturalmente, y sin esforzarse de un modo artificial,
algunas sanciones en contra de los intereses económicos de
quienes representan, dentro de la historieta, a la clase dominante. Cada aventura puede ser pensada como una continua formulación y superación de equilibrios inestables
que, finalmente, garantizan el predominio de los criterios
éticos y legales que permitan la incesante apropiación de
plusvalía y el monopolio del poder militar y administrativo
que legitimiza y sustenta esa apropiación.

Esto nos permite hacernos otra pregunta: ¿de qué manera puede entenderse que el Llanero Solitario, como serie específica, aparezca en un momento histórico concreto, como producto de una formación social determinada?

CAPÍTULO V: EN QUE NUESTRO HÉROE EXPLICA QUIÉNES FUERON SUS PADRES Y CUÁL ES SU ACTUAL FAMILIA

La figura del Llanero Solitario aparece, como tantos otros
héroes de acción, en la década del 30, precisamente después
de la más grande crisis del capitalismo y simultáneamente con el *Welfare State* en Estados Unidos y el fascismo
en Italia y Alemania. Notemos, por lo tanto, que coincide
con un momento histórico en que se hacen visiblemente
necesarias ciertas limitaciones al sistema económico monopolista vigente: el Estado debía ayudar a regular con determinadas políticas la sanidad de la economía, integrando
a la vez a capas postergadas a ciertos beneficios sociales.
Sin embargo, esa acción del Estado no podía confundirse

20. Antonio Gramsci, *The Modern Prince and other writings,* Nueva York,
International Publishers, 1957, p. 170.

con el totalistarismo, gran pesadilla norteamericana, donde el individuo perdía su "libertad" y se subordinaba absolutamente al aparato dominante. Es en este contexto en el que aparece el Llanero, Batman, Supermán, etc. Se equivocan quienes ven en ellos a representantes del fascismo. Por el contrario, mediante estas figuras se volvía a regular la situación de aguda crisis, el lector aprendía los mecanismos del Estado como benefactor que podía exigirle sacrificios a los individuos, pero que a la larga satisfacía los deseos de estabilidad del "pueblo". La popularidad de los superhéroes obedece a que respondieron a profundas contradicciones que se desarrollaron en la sociedad norteamericana.

El control que realiza un individuo de las leyes objetivas de la realidad, como si cada accionista pudiera determinar la orientación de la empresa, responde a la "contradicción dialéctica interna en la conciencia de clase" del capitalismo,

> que descansa en la insuperable contraposición entre el individuo (capitalista), el individuo cortado según el esquema del capitalista individual, y el proceso dominado por "leyes naturales" necesarias, eso es, indominable por principio por la conciencia [...] constantemente aspirando a la unificación de los separados principios.[21]

El superhéroe, bajo la forma de Estado capitalista regulador, aparece cuando la crisis económica del capitalismo monopólico ha desnudado los antagonismos que la ideología ya no puede encubrir y que evidentemente han estado desarrollándose a lo largo de toda la lucha que ha librado, en el plano de las ideas, desde su predominio, la clase burguesa. Por eso los gérmenes del superhéroe existían ya en el siglo XIX, pero sólo en el siglo XX asume su carácter de representante del ciudadano común, del hombre perdido en la muchedumbre olvidada, del consumidor aislado que vacila frente a las leyes objetivas de la realidad.[22]

21. Lukacs, *op. cit.,* p. 70.
22. No hay que olvidar tampoco el análisis de Gramsci que relaciona la novela de detectives y el folletín popular con la creciente enajenación del hombre en la rutina del siglo XX. "(...) es decir, de la excesiva precariedad

Al encarnar esas leyes, al naturalizarlas y ser él mismo un símbolo de lo natural, el superhéroe es la consecuencia ideológica de la forma en que el capitalismo monopólico señala, sueña, la salida de la crisis: intervención cauta pero decisiva del Estado, expansión bélica y moral del sistema, participación de todos en los "beneficios" sociales, inversión en el progreso técnico, etc. Las dos armas del Llanero, la represión y la concesión, la fuerza y la persuasión, surgen precisamente en aquel período en que "el Estado debe expandir su poder y funciones. Aunque estos dos métodos pueden aparecer como contradictorios", dice Sweezy[23].

> son de hecho complementarios, encontrándose mezclados en diversas proporciones en períodos diferentes [...] De manera que observamos el crecimiento simultáneo de los instrumentos de la fuerza diseñados para garantizar "la ley y el orden" (*law and order*) internos, y la extensión de la legislación social bajo la forma de compensación a los trabajadores, seguros contra la cesantía, pensiones a la vejez, y otras cosas por el estilo.

Sweezy nota que otras consecuencias de la concentración monopólica es que el ejecutivo se torna más efectivo y declina la influencia de las instituciones parlamentarias. Para salvar al capitalismo, la teoría de Keynes *The General Theory of Employment, Interest and Money* (1935), propone "el control social sobre el consumo y la inversión",[24] y en definitiva la noción de que el Estado puede, dentro del marco de referencia de la sociedad capitalista, trabajar en favor de los intereses de todos los miembros de esa sociedad.

La escenificación de este tipo de protagonista corresponde, pues, a "una experiencia traumática para la burguesía norteamericana", en las palabras de Mandel,

de la existencia, unida a la convicción de que contra esa precariedad no hay posibilidad alguna de defensa individual: por eso se aspira a la aventura 'bella' e interesante, a una aventura basada en la iniciativa libre y personal, frente a la aventura 'fea' e indignante, impuesta por otros y no por uno mismo." En *Cultura y Literatura*, Madrid, Ediciones Península, 1967

23. Paul Sweezy, *The theory of capitalist development*, Nueva York, Oxford University Press, 1942, p. 317.

24. *Ibíd*, p. 348.

burguesía que, de toda la clase capitalista del mundo, era la única plena de una confianza total, ciega, en el porvenir del régimen de la "libre empresa". Ella recibió un choque terrible durante esa crisis 1929-1932, que ha sido verdaderamente para la sociedad norteamericana la toma de conciencia del problema social y la puesta en cuestión del régimen capitalista...[25]

En todas las capas decisivas de la burguesía reina ahora la convicción profunda de que el automatismo de la economía junto con los "mecanismos del mercado" son incapaces de asegurar la supervivencia del régimen, de que no es posible someterse al funcionamiento interno, automático, de la economía capitalista, y de que se requiere una intervención consciente cada vez más amplia, cada vez más regular, cada vez más sistemática, para salvar este régimen.[26]

La única otra fuerza que existe para "salvar a largo plazo este régimen" es el Estado.

El superhéroe, sin embargo, no puede entenderse sólo como el resultado en la ficción de la crisis objetiva del funcionamiento económico del sistema en su fase "neocapitalista", ni como una forma novedosa, concentrada en una persona mítica, en que se propone resolver esa situación, sino que también debe verse como una necesidad interna a los medios masivos de comunicación que, en su desarrollo, estaban en ese preciso instante listos para difundir ampliamente mensajes ficticios, permitiendo al ser humano una participación como consumidor y lector que reprodujera y extendiera material e internamente las funciones del protagonista. No sólo listos. Su acción era inevitable, como correlato emocional y cognoscitivo de la participación del hombre común en la regulación de las leyes económicas. El puente que los políticos establecían con todos los habitantes del país a través de los medios masivos, en la vida política, permitiendo la sanción de la "opinión pública" y la participación por medio del conocimiento esclarecido se traducía, en la vida imaginativa, en la industrialización de mundos ficticios que, dentro de su mismo desarrollo, proyectaban y resolvían el drama del

25. Ernest Mandel, *Iniciación a la teoría económica marxista*, Bogotá, La Oveja Negra, 1971 (segunda edición) p. 74.
26. *Ibíd.* pp. 75-76.

consumidor. En el mundo del ocio y del entretenimiento, los lectores seguían viviendo también la superación de la crisis por medio de su nuevo "poder", su aparición como lectores en el escenario de la historia.

De esta manera, podemos observar que el modo en que el superhéroe *resuelve* los problemas que se le plantean tiene sus raíces en un período histórico bien determinado, aunque evidentemente en estos mensajes masivos, como en los otros, se repiten ciertos mecanismos y procedimientos ideológicos que son el producto inevitable e invariable de la burguesía como clase a través de toda su evolución.

¿Pero significa esto acaso que una vez fijada la estructura fundamental de la serie, ésta no podría modificarse según vaya cambiando la época histórica? ¿La serie *El Llanero Solitario* reitera cíclicamente los mismos supuestos o también sufre un desarrollo histórico, adaptándose a diferentes circunstancias?

En realidad, esto significa plantearse un problema de vastas proporciones; el problema de la permanencia de las obras culturales, su subordinación a diferentes fases de una época, su capacidad de cambiar, etc. Aunque no es éste el lugar para dilucidar estos interrogantes, hay que aventurar, con respecto al Llanero, alguna hipótesis para poder continuar. Diremos, por lo tanto, que el modo en que el Llanero derrota las contradicciones, el ritmo y mecanismos de ordenamiento del equilibrio destruido, la dinámica específica que se pone en práctica para superar el dilema provocado, es invariable, porque configura la base del mensaje y del sistema comunicativo. Lo que sí cambia es la forma en que se airea el problema, el punto de ruptura que se hace visible aflorando en un momento concreto del cambio histórico, la definición del adversario que hay que derrotar. El superhéroe se enfrenta de un mismo modo imperturbable a las diferentes contradicciones que se van produciendo a lo largo de los años. Un estudio analítico y estadístico del Llanero Solitario durante los últimos 35 años nos permitiría seguramente comprobar nuestra hipótesis.

Un ejemplo es el valle del potro salvaje. En el libro que reproduce el origen del Llanero Solitario, no se pone especial énfasis en el hecho de que Plata haya pertenecido a un valle encantado. Sólo en los últimos años se viene a acentuar este rasgo, debido a que el problema de la sobreutilización de la naturaleza está preocupando a los lectores (y a los autores). Otro ejemplo. Siempre, como procedimiento estructural, se opone al Llanero con hombres que se le parecen, falsos representantes de la marginalidad y que él deberá derrotar. En "La captura de Plata" los asaltantes vienen en un potro blanco y otro pinto y "el pillo que monta en el blanco lleva una máscara". El Llanero logra probar su identidad cuando el impostor es incapaz de montar a Plata. (Nuevamente la naturaleza reconoce y rescata al embajador de la naturaleza.) Lo mismo ocurre en decenas de episodios, facilitado por la peligrosa forma en que el Llanero se distingue de los demás. Sin embargo, lo que nos interesa es mostrar cómo ese procedimiento típico, que integra la estrategia narrativa básica de estas revistas (por ejemplo en el primer año de Supermán ya apareció este mecanismo), y que, por lo tanto, no puede cambiar, sufre modificaciones en la definición del adversario o el antagonista. En "El pillo con melena", un bandido llamado Peter Kiel comete sus asaltos acompañado por indios, montado en un caballo blanco, llevando un antifaz. "Lo confundí", dice el niño sobreviviente de la masacre al Llanero, que es recibido con una balacera, "con el pillo, por traer el antifaz y montar un caballo blanco. Pero me acordé que ese tipo tenía melena". Este rasgo diferenciador nos permite comprender cómo la historia modifica los puntos de ruptura dentro de la historieta. Peter Kiel es el anti-Llanero. Su melena es para él lo mismo que el antifaz para el superhéroe: "Juré que me la cortaría cuando me capturasen..." En la pelea final, sin embargo, es la melena la que lo derrota: "Pero el Llanero se libra de su agresor y le tapa los ojos con su melena..." Al no poder ver, el Llanero logra quitarle su cuchillo. Es evidente que el niño que protagoniza la historia tiene que elegir entre dos modelos: el melenudo anónimo y el Llanero Solitario. Si miramos la fecha en que se publicó originalmente (1955), está claro que la presencia y destrucción de la melena es el síntoma del comienzo de la era del rock y de los delincuentes juveniles. De la misma manera en "Área Doce", un programa de televisión que actualmente se transmite en Chile, se ataca a los *hippies* de idéntico modo: una serie de pequeños robos y extorsiones, que finalmente han sido realizados por tipos con barbas desaseadas. Se trata de un fenómeno fácilmente comprobable: el tipo de problemas y la definición de los contrincantes dependerá de los puntos de ruptura en el mundo histórico siempre renovable del lector.

Pero los cambios en el modo de definir el problema coyuntural no pueden afectar el modo en que se resuelve siempre ese problema. Las características del superhéroe se definen invariablemente como producto de una fase bien determinada de la relación del individuo con el Estado. Importa destacar este hecho, porque las historietas de aventuras han decrecido en popularidad en su país de origen. Durante la década del 60 se pudo notar que Supermán y sus amigos eran sometidos a un extraño proceso de nostalgia irónica, lo que se llama *pop* y *camp*. Se convertían en síntomas, en objetos por sí mismos, en vez de ser tomados en cuenta como mensajes y entretenimiento. En cambio, las historietas de acción se han seguido exportando en cantidades fabulosas a las naciones subdesarrolladas.

Aunque no cabe duda de que todavía disponen de un amplio público dentro de Estados Unidos, y que sería necesario analizar las últimas manifestaciones de violencia en las teleseries y las películas para comprender exactamente los alcances de las modificaciones del superhéroe y su relación con las modificaciones del Estado capitalista. (Un ejemplo: la aparición del superhéroe como *grupo* o equipo y no como individuo. Otro ejemplo: protagonistas impedidos físicamente, como el paralítico Ironside, el ciego Longstreet. Otro más: un plan complicado y a ratos incomprensible. Misión Imposible.) Pero no es nuestra tarea en este momento. Más bien nos parece fundamental llamar la atención sobre los receptores de las historietas de acción en lo que se ha dado en llamar el tercer mundo.

Ya en *Para leer el Pato Donald,* se ha analizado la forma en que estas importaciones son aceptadas como pautas de conducta e interpretación de la realidad que corresponde a la estructura misma de la dependencia económica y al fenómeno del rezago cultural. Los lectores de los países periféricos definirán sus problemas y el modo de enfrentarlos a través de las soluciones que el capitalismo dependiente importa e impone en conexión con el imperialismo. Decir que el Llanero Solitario refuerza los modelos autoritarios, paternalistas, moralistas, que propone un esquema reformista de participación, que regenera la confianza en la democracia y en sus personalidades más destacadas, etc., significa para el lector latinoamericano algo diferente que para el norteamericano.

Para cualquier consumidor de un país periférico lo que se está haciendo es entregándole una *vía de desarrollo,* una manera de cerrar la brecha con la metrópoli. Interpreta todo aquello desde el punto de vista del subdesarrollo que aflige a su sociedad, subdesarrollo que significa, en definitiva, utilizar las pautas de los países imperialistas para juzgar y construir la realidad.[27] Un ejemplo: lo que era el Estado benefactor (Welfare State) para los norteamericanos de la década del 30 es precisamente como quiere Estados Unidos presentar su papel en Latinoamérica en la década del 60 (Alianza para el Progreso) y como han comenzado a actuar muchos gobiernos de nuestro continente. El paternalismo autoritario que finge modos nuevos y torcidos de participación encuentra su rezagado correlato en cada una de las aventuras de los superhéroes.

Aunque es evidente que habría que intensificar este estudio, para no extendernos tomemos sólo un ejemplo más: el de la ciencia en las historietas de aventuras.

Desde las primeras obras de acción conocidas, siempre el protagonista se liga a algún aparato divino para ordenar la realidad. En el caso de los superhéroes del siglo XX, esto significa estar dotados de un poder mágico que equivale al poder de la ciencia y la tecnología. El personaje central presenta la capacidad de transformar la realidad por medio de su inteligencia superior, su destreza y habilidad, su ma-

27. "En su sentido más riguroso, el intercambio desigual nace del encuentro de las técnicas capitalistas avanzadas con los obreros de los países dependientes, cuyo salarios pagan lo estrictamente necesario para la subsistencia." En la "Advertencia" (preliminar) de *Imperialismo y comercio internacional (El intercambio desigual).* Cuadernos de Pasado y Presente, no. 24, Córdoba, 1971, p. 15.

nejo de trucos o instrumentos, su potencial energético. Su *conocimiento* le permite superar al adversario. Precisamente de lo que se trata es de encontrar un ser humano que tenga todo el poder de la máquina sin ser una máquina. Supermán, por ejemplo, concentra en su cuerpo antropomorfo toda la capacidad tecnológica del mundo contemporáneo. Su fuerza queda descrita (rayos équis en los ojos) con términos científicos: se reafirma al hombre como controlador de la naturaleza. Muchas veces los rivales de Supermán (el malvado Lothar o un enano de nombre impronunciable proveniente de la quinta dimensión) abusan de la ciencia. El representante del hombre común apropiándose de la ciencia sin sus defectos y peligros logra derrotar al que mal aprovecha esos recursos. El Llanero Solitario (en el episodio "La bola de cristal") enfrenta a seres que parecen ser omniscientes, anticipando los lugares y momentos propicios para llevar a cabo sus fechorías. Pero la capacidad que tiene nuestro héroe de generar ideas es mayor a la de sus rivales: con un truco, los atrapa y demuestra la falsedad de su poder.

La forma del trabajo del superhéroe es la aventura y su resultado espiritual es lo que todo Estado que se precie de eficaz debería promover: la felicidad social. Pero para que este trabajo aparezca como tal, como modificador de las circunstancias, el lector debe trasladar la magia de esa transformación a aquella fuerza sobrehumana y aparentemente invencible que ha cambiado todo en tan poco tiempo: la ciencia. Nuevamente, la máscara o la aparente debilidad del superhéroe permiten el esquema de participación del lector, ahora en la lejana e inexplicable fuerza creadora de la tecnología.

Pero la razón por la cual estamos examinando estas características no es para agregar rasgos a la personalidad del superhéroe (ya que se le pueden aplicar, sin mayores esfuerzos, todas las categorías con que la ideología ha tratado de dividir al mundo), sino para demostrar el efecto que esto pudiera tener en un lector del mundo subdesarrollado, donde la esperanza en la solución modernizante[28] para ga-

28. "(...) las grandes corporaciones internacionales —eufemismo que cubre en la mayoría de los casos a las grandes empresas norteamericanas— insta-

rantizar la destrucción del "desarrollo desigual" se ve reforzada cotidianamente por medio de la solución tecnológica (y humanizada) de cada uno de los superhéroes.

La estructura básica de las historietas de acción es que la providencia llegada de un ser superior a una realidad desordenada y ontológicamente inferior permite eliminar los problemas, ya que después de su acción, y retorno a su mítico punto de origen, el mundo queda elevado e idéntico a su propio ser. Es una estructura que *conserva* el universo. Pero para un lector de un país periférico, que está inserto en el desorden y el atraso, esa estructura es una que *cambia* el universo.

No se trata de que hay que mantenerse unidos al polo imperialista. Eso no sería nada. Se trata de que la dirección de la transformación de nuestra realidad fuerza a importar concretamente las *mismas soluciones* para poder llegar a los mismos resultados, para convertirse en la metrópoli. Los problemas que tenemos en el continente latinoamericano, y en cada día, barriada, micro y cola, se deben al hecho de que no se han tomado en cuenta las soluciones y valores que el superhéroe encarna, unido a otro factor, que generalmente se olvida, el imperio de la violencia como hecho habitual y consustancial al lector latinoamericano.[29]

Y aquí asume plenamente su función el acompañante del superhéroe. El protagonista es un ser que hemos definido como marginal, privado, anónimo, perseguido, etc., como una

---

lan unidades de producción en los países subdesarrollados, imponiendo pautas de consumo desconectadas de las verdaderas necesidades del país recipiente, determinando la estructura del sistema de producción y bloqueando la reacción de una capacidad científica propia, al importar todas las tecnologías de las matrices instaladas en el exterior. En otras palabras, en esta nueva forma de estructuración de la dependencia, los países subdesarrollados seguirán cumpliendo el doble papel de mercados pasivos de los sectores más avanzados de la producción de las economías centrales, y de proletariado externo que provee de mano de obra barata a esas mismas economías." Amilcar O. Herrera, *Ciencia y política en América Latina,* México, Siglo XXI, 1971. p. 13.

29. Véase el ensayo "La violencia en la novela hispanoamericana actual" en mi libro *Imaginación y violencia en América,* Santiago, Universitaria, 1970. Hay segunda edición (Barcelona, Anagrama, 1972).

característica estructural que permite la dominación ulterior. El compañero de este orillero es un ser de veras marginal en la sociedad contemporánea.[30] Si examinamos la presencia de los ayudantes encontraremos que han sido escogidos con un criterio unánime. El Llanero tiene a un indio, Toro; Batman dispone de un adolescente, Robin; el Zorro utiliza a un mudo, Bernardo; Mandrake a un negro; Tarzán a un chimpancé; etc. El compañero es también un héroe, pero detrás de su líder. Son seres de condición rebelde, problemáticos, seres casi naturales, que han aceptado subordinar sus energías para poder servir mejor su misma naturaleza encarnada en el superhéroe. Se le entrega al lector un representante, un modelo de conducta, alguien que ha dejado de lado sus problemas superficiales para apoyar una causa noble. Todos los mutilados, animales, vejados, todos los marginados, demasiado jóvenes, demasiado viejos, todos los que están en los rincones, todos los resentidos y sentidos, todos los explotados, todos los rebeldes, tienen su lugar a lado del Llanero Solitario. A la vez que se exalta al héroe como Estado, se incorpora al lector como auxiliar de ese Estado, se disminuye la soledad del héroe. Aun Supermán, que por definición tiene que ser único, ha ido encontrando todo tipo de compañía, desde un perrito, una hermana, superniño (su yo cuando joven), hasta un joven reportero y las infaltables mujeres que merodean a su alrededor.

El ayudante tiene todas las características pintorescas y folclóricas de su condición marginal. Toro es un indio para los efectos de ubicación e identificación del lector: habla

---

30. Ya Marx y Engels habían notado la necesidad de este tipo de personaje en los folletines: Murph, el criado de Rudolph, en *Los misterios de París:* "Y así como Rudolph es el *deus ex machina* y el agente del universo, Murph es, a su vez, el *deus ex machina* personal y el agente de 'Rudolph y la salvación de la humanidad'" (Marx y Engels están citando a un personaje de la novela), "Rudolph y la personificación de las perfecciones esenciales del hombre forman, para Murph, una inseparable unidad, a la que él no se entrega con la necia sumisión perruna del esclavo, sino de un modo 'consciente e independiente'. Murph es, por tanto, un esclavo ilustrado, consciente e independiente. Como todos los criados de los príncipes, personifica en su señor a la salvación de la humanidad." Engels-Marx, *La Sagrada Familia, México,* Grijalbo, 1967, p. 267.

como tal, cuando hay que rastrear ahí se encuentra, tiene un olfato que cualquiera se lo desearía, dice "ug" cada vez que es conveniente, hace señales de humo, conoce yerbas medicinales. Hasta cocina. Una tarjeta postal. Una caricatura. Casi una mujer. Pero no tiene ninguna de las características reales del indio, el despojo de que ha sido víctima en el pasado, su explotación presente, su extinción futura. Lo mismo podríamos decir de cada uno de los acompañantes que tienen la apariencia de puntos de ruptura pero no la conducta verdadera. Aceptan ordenarse, otro obediente problema superado, dentro de la potencia cohesiva cerrada del superhéroe, que además de actuar políticamente, tiene el valor de ser una fuerza moral pura, la encarnación humana de la ideología que unifica toda la realidad y permite al Estado su dominio.[31] Es otro ladrillo más en ese pantano de cemento.

El lector no puede aspirar a ser el Llanero Solitario en su vida cotidiana. A pesar de la máscara está demasiado lejos, es demasiado poderoso.

Pero basta con que empiece a consumir la revista El Llanero Solitario. Es el primer acto de colaboración. Dentro de poco podrá convertirse en Toro, el indio Toro, el mejor lector del Llanero que jamás existió.

CAPÍTULO VI: EN QUE NUESTRO HÉROE SE DESPIDE

Hace unos años circulaba un chiste.

El Llanero Solitario y Toro huyen de una tribu salvaje. De pronto, se encuentran rodeados. No hay por dónde escapar.

---

31. Parece útil mencionar aquí la distinción de Althusser entre los aparatos de Estado (público) y los aparatos ideológicos de Estado (privado). "La 'armonía' (a veces incompleta) entre el aparato represivo de Estado y los aparatos ideológicos, y entre éstos, se asegura por intermedio de la ideología dominante." (El artículo, "Ideología y aparatos ideológicos de estado, (notas para una investigación)", en Influencia Social Masiva, Ediciones Universitarias de Valparaíso, 1971, editor R. Zúñiga, p. 98). El hecho de que el Llanero es ideología pura y además un aparato represivo privado indicaría su necesidad estructural.

El Llanero saca su pistola y le dice a su acompañante: "Bueno, amigo, parece que nosotros estamos perdidos".

Toro lo mira fijamente.

—¿Qué quiere decir con eso de "nosotros", Kemo Saby? ¿Qué quiere decir con "nosotros", carapálida?—.

Detrás de su cara, su cara tan pálida, se pueden ver los rostros de muchos indios. Suenan los tambores de guerra.

Santiago de Chile, agosto de 1972

IV. No era la última aventura...

Los inocentes contra Allende:

Niveles de dominación en los medios masivos de América Latina (estudio de un caso típico)

Afirmar que América Latina es un continente cultural e ideológicamente dominado desde el extranjero no viene a constituir una gran novedad. La subordinación de las emociones, de las ideas, las representaciones cotidianas, la sensibilidad generalizada, es el inevitable estado que acompaña una estrategia incesante de parte de sucesivos imperios (español, inglés, norteamericano) por subdesarrollar nuestra economía y garantizar, por lo tanto, su hegemonía política, tecnológica y militar.

Pero no basta con esta afirmación general. Lo que urge, más bien, es ponerse a estudiar, a comprender, las formas minuciosas, los múltiples mecanismos, los niveles sobrepuestos, con que esa dominación cultural funciona; con qué procedimientos y visiones un imperio puede determinar los hábitos mentales de sus súbditos potencialmente rebeldes, reproduciendo e internalizando su poder y su legitimación. No es éste un problema abstracto: el reciente caso de Chile comprueba que la preparación teórica y práctica para orientar y participar en los cambios culturales e ideológicos resulta decisiva para llevar a cabo victoriosamente la batalla por la liberación de un pueblo en condiciones que suelen ser siempre desfavorables. Como observaremos más tarde, la capacidad que tuvo el enemigo, en ese país, para generar un frente amplio de apoyo a su estrategia minoritaria, tiene demasiadas raíces en la fuerza pertinaz y casi demoníaca de su ideología y de su cultura, en su margen de maniobra cada vez más extenso para estimular temores y terrores subterráneos, que crearon el clima desde el cual se interpretó y gestó el golpe fascista.[1] Lo que deseamos, en el presente ensayo, por lo tanto, no es elaborar toda una teoría del imperialismo cultural;[2] preferimos encarnar estas formas de penetración y búsqueda de supremacía allá dónde existe real e ilimitadamente, en el día a día del consumo, en el día a día de la experiencia de los objetos concretos. Vamos a tomar un caso particular, un producto entre los millones con que los medios masivos de comunicación de nuestro continente inundan, agotan, ratifican el mercado y los corazones, para recorrer desde su análisis, paso a paso, una variada gama de influencias y subordinaciones a que está sujeto, tratando de desmontar uno tras otro los diversos niveles de (co)determinación[3] que forman, entre todos, una red vigorosa que es difícil suprimir o sustituir. Tal "radiografía" de una obra, en este caso "subliteraria", nos servirá, simultáneamente, para señalar las lagunas existentes en este tipo de estudio, puesto

[1] Véase Cultura y Comunicación de Masas, Materiales de la discusión chilena 1970-1973, compilada por M.A. Garretón y H. Valdés, Barcelona, Laia, 1975. Asimismo de F. Castillo, J. Larraín, R. Echeverría, "Etapas y perspectivas de la lucha ideológica en Chile", pp. 114-152, Cuadernos de la Realidad Nacional, no. 13, julio de 1972, Santiago, Universidad Católica de Chile.

[2] Varias muestras recientes: la antología de Alfredo Chacón, Cultura y Dependencia, Ocho Ensayos Latinoamericanos, Caracas, Monte Ávila, 1975, donde destacan especialmente trabajos de Darcy Ribeiro, Alberto Filippi y Antonio Cándido; también Cultura Popular y filosofía de la liberación, una perspectiva latinoamericana, Fernando García Cambeiro, Buenos Aires, 1975. Véase especialmente de Máximo R. Chaparro, "Dominación y Cultura", pp. 73-86 y de Julio D. de Zan, "Para una filosofía de la cultura y una filosofía política nacional", pp. 89-139.

[3] Nos parece cada vez más adecuado el uso de niveles de determinación (o de codeterminación, utilizando la terminología de Engels en su carta del 14 de julio de 1893 A F. Mehring. Selected Works, Vol. III. Moscú, p. 496) para comprender la historia como proceso. Véase E.J. Hobsbawn, "Karl Marx's Contribution to Historiography", pp. 265-283, en Ideology in social science, readings in social theory, editada por Robin Blackburn, Fontana, 1972, especialmente pp. 272-279.

que no podemos enjuiciar el mundo de la dominación cultural sin preguntarnos a la vez por nuestra mirada misma, la forma en que nuestra ciencia también sufre el efecto distorsionador de la enajenación que queremos denunciar, entender y superar.

El caso-tipo que nos servirá de guía para discernir los canales por los cuales se ejerce y funciona la producción masiva de mensajes en América Latina proviene del campo de la literatura infantil. Se trata de una historieta, extraída de la revista para niños *Mampato,* y que se publicó en serie, semanalmente, entre mayo de 1973 y octubre del mismo año en Santiago de Chile.[4]

Ante todo, comencemos por el sustrato material anterior a la creación de aquello que es propiamente cultural, el mensaje mismo. Para que éste existiera, tienen que haberse manufacturado previamente elementos que no poseen significación cultural inmediata (si excluimos su lenguaje en tanto objetos): papel, tinta, color, rotativas de impresión, fotograbado, etc., lo que implica, por cierto, maquinaria que fabrica papel, procesos para obtener tinta, industrias que entregan impresoras. A menudo se olvida que la tan mentada industria cultural no sólo entraña la elaboración del objeto mismo de entretenimiento que se consumirá, sino todo un sistema que es su base lejana y cercana.[5] Los dueños del poder económico —primer nivel

[4] Ya hemos llevado a cabo un análisis preliminar y sucinto del contenido de esta historieta en el discurso ante el Tribunal Russell II, tercera sesión, Roma, enero de 1976, y que fue publicado posteriormente en *Revista Casa de las Américas,* septiembre-octubre de 1976, año xvi, n. 98, bajo el título: "Chile: la resistencia cultural al imperialismo," pp. 3-11.

[5] En este sentido, vamos más allá que Adorno en esta concepción de la "industria cultural". Véase Th. Adorno, "La industria cultural" en *Cine Cubano* 63/65, pp. 74-77 (o en el volumen antológico, *La Industria Cultural,* Buenos Aires, Galerna, 1967). También consúltese a W. Benjamin, "The Work of Art in the Age of Mechanical Reproduction" en *Illuminations,* Nueva York, 1969, pp. 217-251. Naturalmente, no compartimos la idea de Adorno de que en este contexto industrial el arte pierde su carácter estético. (Véase de Marc Jiménez, *Adorno: art, idéologie et théorie de l'art,* París, Union Générale d'Editions, 1973, especialmente pp. 128-135, para el concepto de *Entkunstung*).

indesmentible del vasallaje— podrán, por ende, determinar en última instancia las orientaciones generales de los mensajes que se difunden en una formación social determinada. Todo aparato de reproducción cultural está integrado al funcionamiento del sistema como un todo, y su sojuzgamiento se hace de una manera inagotable, automática, según los intereses de la clase dominante. Todo estudio sobre la dominación cultural debe partir de esta base económica, del modo de producción vigente.

Sin embargo, es necesario hacer aquí varias observaciones. No hay que olvidar, en primer lugar, que cada objeto cultural —masivo o no— requiere procesos diferentes, más o menos avanzados, más o menos complejos, de gestación industrial. Hay áreas donde el imperio económico y tecnológico es casi total y se va acrecentando: por ejemplo, los mensajes audiovisuales que están inventados en el marco de las empresas multinacionales de la electrónica y de la guerra, y dependen de ellas, como ha demostrado entre otros Mattelart en recientes ponencias.[6] Hay otras áreas donde, por el contrario, desde el punto de vista de su producción, hay condiciones materiales para una relativa independencia, un margen de maniobra mayor (por ejemplo, la industria del libro). Demarcar estos sectores, establecer su grado de mayor o menor autonomía económica dentro del sistema productivo y distributivo, valorar el efecto que tiene el rezago tecnológico para las diferentes mercaderías culturales, tomar en cuenta la influencia que en el mercado pueden ejercer capas amplias de consumidores que tienen poder de compra, permitiría comprobar que la dominación económica sobre la producción cultural en América Latina se lleva a cabo de un modo desigual.

[6] Véase especialmente, *La cultura como empresa multinacional,* Buenos Aires, Galerna, 1974, y en el libro *La información en el nuevo orden internacional,* Instituto Latinoamericano de Estudios Transnacionales, México, 1977, editado por Fernando Reyes Matta, el artículo del mismo Mattelart, "Otra ofensiva de las transnacionales: las nuevas tecnologías de comunicación", pp. 109-149 y de Reginald Green, "Comunicaciones masivas, orden económico internacional y *otro desarrollo*", pp. 153-180.

Lo segundo que hay que mencionar es que, además de ésta, existe otra forma de dominación económica que es necesario puntualizar, puesto que los productos culturales, junto con ser mercancías, objetos elaborados, conllevan una significación, poseen una carga emocional e intelectual, aparecen para ser consumidos de otra manera que los zapatos o la leche. El *mensaje* mismo —más allá de la imprenta, la fábrica para imprenta, el acero para la fábrica, la fundición para el acero— tiene dueño. Alguien es propietario del órgano de expresión dentro del cual esa comunicación se produce, alguien tiene el derecho a contratar, recibir avisos, despedir, distribuir, revisar, censurar, etc. Este control —que es el que más estudios ha motivado, más denuncias ha acumulado en diversos países del continente— es más visible, aparente y directo que el que se ejerce a través del sistema total, puesto que por regla general los mensajes de carácter masivo (y sus dueños) no entran en conflicto con los intereses del sistema vigente (y sus dueños). Es el caso que analizamos. El patrón de *Mampato* es la Editorial Lord Cochrane, la mismísima que edita *El Mercurio* y una cadena de diarios chilenos, y que, a su vez, pertenece al monopolio de los Edwards, representantes de la gran burguesía monopólica del país, ligada, por supuesto, al capital multinacional.[7] De todas maneras, no es fatal ni inevitable que el dueño del mensaje sea el mismo dueño de los resortes fundamentales de la economía: estudiar de una manera atenta y objetiva los dos sistemas productivos podría deparar algunas sorpresas, tensiones y conflictos que no siempre son evidentes a primera vista (por ejemplo, las inversiones de la burguesía no-monopólica en ciertas actividades masivas culturales).

Hay, eso sí, que recordar en este contexto otro aspecto de la dominación económica. En efecto, en un continente sometido al extranjero como es el nuestro, gran parte de los

---

[7] Ricardo Lagos, *La concentración del poder económico*, Santiago, 1969 (6a edición). También de Peter Schenkel, "La estructura de poder de los medios de comunicación en cinco países latinoamericanos" en *Comunicación y Cambio Social* (editado por Peter Schenkel, Marco Ordóñez), Quito, ILDES–CEPAL, 1975, pp. 13-56.

productos culturales masivos en venta o populares están importados sin más desde Estados Unidos, limitándose la intervención criolla a la traducción y reproducción física del mensaje, a su subtitulación, doblaje, adaptación mínima. Una mayoría del material que sale en la revista *Mampato,* por ejemplo, se dibuja y escribe fuera de nuestras fronteras. La historieta misma que nos preocupa ha sido ejecutada por chilenos nativos, aunque su dependencia de lo foráneo persiste en otro nivel, en el modelo ideológico adoptado, como veremos más tarde. Es importante, de todos modos, tomar en consideración esta distinción entre lo que se produce nacionalmente y lo que se importa tal cual. Por mucho que en algunos países se haya avanzado sustancialmente en este tipo de estudio (Argentina, Colombia, Perú, Venezuela) carecemos de investigaciones globales y pormenorizadas del fenómeno. A menudo a quienes se acercan al problema les basta con señalar porcentajes, por ejemplo el número de horas televisadas con material extranjero y con material elaborado en el país. Estas aproximaciones son valiosas en cuanto establecen bases para un catastro mínimo. Falta, naturalmente, analizar con más detenimiento el contenido de esos productos nacionales, para establecer quizá sus grados de dependencia y de eventual originalidad.[8]

No se puede enfatizar este punto lo suficiente. La mera existencia de productores intelectuales de origen nacional, la presencia de técnicos en expresión masiva, de equipos idóneos que colaboran en cada etapa de generación de la obra, ya constituye un factor de peso para una potencial independencia cultural. Con esto no queremos cegarnos a la dominación que, a su vez, se ejerce sobre esos trabajadores: el control empresarial no es muy diferente al que sufren otros obreros o empleados, si bien por el hecho de crear "cultura" (que la burguesía proclama como el reino

---

[8]Véase nuestro documento de información y trabajo para la reunión organizada por la UNESCO en Bogotá, marzo de 1976, "Sobre las artes del espectáculo y fiestas en América Latina", Monografías publicadas por la Oficina Regional de Cultura para América Latina y el Caribe de la UNESCO, número 4, La Habana, 1976.

de la libertad sin trabas) gozan de cierto grado circunstancial de flexibilidad que un minero, por ejemplo, no tiene. De todas maneras, no hay que omitir el hecho de que, junto a su condición de asalariado en un mercado de trabajo, su labor puede ser presentada como prescindible, puesto que se la puede sustituir fácilmente por obras provenientes del extranjero que son apenas más caras.

Pero hay otro nivel más de control sobre el mensaje, menos manifiesto que la relación patrón-empleado, y que puede ser igualmente decisivo. Se trata del proceso material con que los trabajadores culturales multiplican la obra: en parte condicionado por el hábito y el entrenamiento recibidos por el técnico en cuestión, también es determinante el lugar que ocupa éste en una cadena productiva implacable. La experiencia de quienes hemos intentado cambiar los medios de comunicación —teniendo ya en manos del pueblo la posesión de los aparatos reproductores— es que la organización concreta de la fabricación de los mensajes es muchas veces el factor crucial en el contenido del mismo o más bien en su rigidez, en la falta de tiempo para distanciarse críticamente frente a él. La misma masividad, siendo emitidas en serie las obras, costosas para realizar, baratas para comprar, exigen fórmulas repetibles, acríticas. Muchas veces se subestiman las consecuencias sobre el mensaje mismo de estos hechos: son equipos los que participan en el proceso, cuyo personal dispone en general de una elevada especialización, con plazos rígidos para la entrega, con métodos de trabajo complicados. Con excepción de nuestro cine latinoamericano y el intento de definir una alternativa más acorde con nuestra pobreza e imperfección,[9] se ha estudiado muy superficialmente el señorío de técnicas extranjeras en este plano, los hábitos laborales que se mantienen más allá de hipotéticas mudanzas en la dirección superior de las empresas culturales.

Si bien todos estos niveles son determinantes para la obra, controlándola de maneras diferentes y convergentes, no cabe duda de que hasta ahora hemos evitado —lo he-

---

[9]Véase de Julio García Espinoza, *Por un cine imperfecto*, Caracas, Rocinante, 1973.

mos querido hacer— el conjunto de factores que es, sin lugar a dudas, el más importante: se trata del campo más difícilmente asible de la ideología. Todo acto de transmisión, de recepción, de producción de mensajes, se halla previamente determinado por lo que podríamos denominar la ideología dominante de la sociedad en que se elaboran esas ideas. No se trata acá de demostrar a través de qué medios el equipo de productores, los lectores en cuyo "gusto" se vindica el mensaje, están sometidos a esa serie totalizante de presiones, presupuestos incondicionales, mitos, es decir, cómo se ha forjado su óptica. Lo que se produce y recibe a través de los medios masivos de comunicación es sólo una de las vastas experiencias formadoras de su conciencia. Porque la dominación económica misma es también y a la vez cultural, el sistema comunica y exige en cada acto y relación entre los hombres. Porque la estructuración del Estado en América Latina configura una particular manera de organizar, orientar, reprimir, estimular la vida cotidiana de los habitantes, una manera de significar. Porque la mera existencia de una economía de mercado con su publicidad y vitrinas es una manera de asaltar la cabeza de quienes compran y venden y cuya fuerza de trabajo es comprada y vendida. Y, naturalmente, junto con los medios de comunicación, hay otros aparatos ideológicos, como el sistema educativo, la organización de las unidades familiares y urbanas, las tecnologías importadas, la iglesia y otras instituciones. Dependerá de éstas, y otras influencias, y el lugar que ocupe cada cual en el sistema económico y de clases, lo que codeterminará su conciencia. Naturalmente podemos postular y descubrir que hasta un cierto punto el sistema ideológico es coherente, es decir, que la totalidad de los mensajes se acomodan entre sí y se refuerzan, configurando una constelación interpretativa para la conducta, una explicación del mundo.

Es perfectamente posible construir un modelo cultural dominante, cuyas características y estructuras recorren y unifican bajo un solo sistema de valores todos los productos emitidos en una sociedad. Se trata de una serie de esquemas, técnicas y preceptos, una serie de enseñanzas por lo general implícitas, que contiene en el fondo una vía para el desarrollo social y a la vez personal, formas en que se propone al hombre marginado actuar para tener éxito, para salir de su situación de inferioridad.[10]

Si tomamos ahora nuestro ejemplo, la historieta *Mampato,* advertiremos que diseñar un tal modelo cultural dominante —cuyo grado de exactitud, complejidad y comprobación científica puede variar— adquiere el valor de permitirnos formular aquello idéntico que —a través de incesantes e infinitos canales— presiona tanto sobre el producto del mensaje como sobre sus consumidores. Nos sirve para unificar en una "visión del mundo", en una totalidad, los diversos componentes potencialmente heterogéneos de un sistema. A la vez nos permite distinguir lo que tiene de similar ese mensaje a otros productos de entretenimiento a textos escolares, a discursos políticos o empresariales, a avisos de cigarrillos o de aviones, etc. Por lo tanto, en un continente a veces adormecido cumple la función de denunciar la opresión ideológica, de desenmascarar la supuesta inocencia de los mitos cotidianos que benefician una mayor explotación económica, una más eficaz manipulación política, una interiorización de la propia represión organizada.

Sin embargo, si el uso de tal modelo nos certifica hasta qué punto todos los afluentes ideológicos desembocan en una sola gran inundación de mensajes que ahoga y asfixia a quien no sabe nadar ni se ha agenciado una balsa, este tipo de análisis entraña varias limitantes que quisiéramos mencionar aquí, en el entendido de que hacemos, a la vez, una crítica a nuestra propia experiencia pasada.

El gran problema con esta descripción de estructuras ideológicas generales es que tiende a ser *estática* y *ahistórica.* Ese modelo sólo existe fehacientemente en la materialidad de la práctica social, en la dinámica con que una clase social dominante reacciona ante los intentos de cuestionar —en el sector que sea— su hegemonía. Como tal, el modelo sirve en cuanto pueda explicar sus propias transformaciones, adaptaciones, cambios, la forma en que

[10]Véase, A. Dorfman y A. Mattelart, *Para leer El Pato Donald,* Ediciones Universidad de Valparaíso, 1971.

resuelve las nuevas tensiones, las maneras en que supera los conflictos que salen a la luz de la conciencia. El funcionamiento concreto de esos mitos, su gestación particular en la realidad latinoamericana, su evolución, es algo que ningún modelo previo puede dilucidar. Además, el modelo varía a nivel nacional, se adapta o deforma, busca formas sintéticas latinoamericanas, tiene un cierto grado de originalidad específicamente continental: un producto masivo creado en nuestro territorio por algún connacional puede tener menos contradicción con las representaciones mentales de los consumidores que algo importado desde el exterior.

A la vez, la dominación no se ejerce jamás de la misma manera. Actúa a través de una enorme disparidad de productos, medios, géneros, compartimentos, en una palabra, *formas,* que se arrellanan con diversas envergaduras y procedimientos en sectores disímiles de la práctica y de la conciencia de los hombres. El modelo no toma en cuenta que el motor de estos productos es su mercantilización, lo que significa, además, la repartición de las áreas ideológicas con características especiales e irrepetibles de un producto a otro, aquello que lo hace agradable, interesante y adquirible para el público —reducido o no— en cuestión.

Por ende, la presencia del modelo cultural dominante en tantos mensajes conviene como denominador común, pero no puede sustituirse al análisis concreto de cada producto cultural en su situación histórica, en su situación de producción y de recepción (momentos que, por lo demás, no siempre coinciden). Los aparatos ideológicos y los hombres propagadores de ideas y emociones y sueños y justificaciones reaccionan transformativamente frente a las situaciones antagónicas y movibles que la realidad (ella misma hecha de lucha) ofrece. La ideología no es algo dado: se genera en todo instante; y no se genera siempre, de la misma manera. Es más evidente su carácter instrumental, su servicio inmediato de una clase social, es más fácil consolidarla en su coherencia interna, cuando cambios amenazan en el horizonte o cuando surgen determinados problemas que denuncian o revelan una ausencia insostenible de auténtica armonía entre esas percepciones primarias, supuestamente eternas, y la vida. Creemos que es posible rastrear detrás de cada gran éxito popular masivo un intento inconsciente por responder a esas inquietudes, agitaciones y contradicciones, por llenar un vacío o un hueco en los presupuestos que una clase ha hecho tragar a la mayoría de una nación.

Tomemos el caso, por ejemplo, de los melodramas para mujeres. Está claro que las subrepticias tesis sobre la mujer, su papel, su estatus, sus aspiraciones, son bastante parecidas en las series norteamericanas y en las peruanas o las mexicanas: pero *El derecho de nacer* o —en forma más reciente.— *Simplemente María* no son meras reproducciones calcadas de un modelo importado.[11] Pueden compartir el mismo prejuicio de que la mujer debe mantenerse al margen de toda competición con el hombre, pero las respuestas latinoamericanas lo son a contradicciones específicamente nuestras que, por cierto, ilustran también la contestación mundial que encuentra esa tesis conservadora y represiva.

Una de las tareas impostergables para nuestros analistas en este plano, y tal como lo postulamos antes, es enfrentar y comprender los productos masivos nacionales, cuya relación con formas deformadas de gusto popular, cuyo "subdesarrollo" para usar un término que tanto nos disgusta, constituye un área casi virgen de estudio. Para que nuestra recomendación no parezca una prevaricación, trataremos de hacerlo nosotros mismos enseguida en el caso de *Mampato*. Pero antes, una última deficiencia sobre la cual es inexcusable llamar la atención: la carencia casi absoluta de estudios sobre el público en América Latina. No dudamos de que las agencias, tanto de publicidad como de espionaje y gubernamentales, efectúan encuestas, pero hasta la fecha han sido escasos los exámenes serios sobre la audiencia real, sobre las condiciones de recepción de un

[11]Véase de Manuel J. Campos, *Simplemente María y su repercusión entre las clases trabajadoras,* Barcelona, Avance, 1975, donde es posible advertir diferencias reveladoras entre las formas españolas fotonoveladas de esa serie y la versión televisada peruana, permitiendo un hipotético estudio comparativo sobre las especificaciones nacionales de la resolución de ciertos problemas en el ámbito femenino.

mensaje determinado. La ausencia de tales investigaciones y preocupaciones —que se hace aún más grave en el caso de mensajes masivos de contenido artístico— nos inquieta, por que en ellas reside la posibilidad de verificar los gérmenes probables y a veces elementales de resistencia a este sistema comunicativo e incluso de medir la distancia entre lo que el mensaje importado o malamente imitado desea imponer como valor y conducta, y su absorción y comprensión efectiva por el público, entidad que tampoco permanece como una unidad homogénea e inmutable. Por otra parte, sería interesante —y tampoco se ha realizado— establecer los grados verdaderos de influencia de los distintos aparatos reproductores de ideología, la relativa aceptación o rechazo según los grupos sociales a los cuales está dirigido el mensaje. Es obvio que para que este tipo de estudio se lleve a cabo, deben surgir condiciones políticas que lo favorezcan. Aun en el caso chileno, donde no sólo se comprendía que todo cambio de los medios involucraba también la incorporación de vastas masas representativas al ejercicio del poder ideológico, sino que también se intentaba organizar aquella apropiación y creatividad en torno a ciertos programas o revistas, fue muy poco lo que finalmente se pudo saber acerca de los consumidores, los potenciales confeccionadores de nuevos mensajes.[12] De todas maneras, la ciencia puede contribuir, puede preparar el terreno, para la efectiva democratización de los medios de comunicación, puede establecer criterios que ayuden a su conversión, atendiendo este campo desguarnecido de la sociología de la cultura. Nadie conoce la respuesta a la pregunta de cómo es el público latinoamericano, de cómo son los públicos.

[12]Un ejemplo de trabajo en el terreno, Michele Mattelart y Mabel Piccini, "La Televisión y los sectores populares", en *Comunicación v Cultura*, no. 2., Buenos Aires, marzo de 1974, pp. 3-75. Sobre experiencias en torno a la revista *Onda*, donde se crearon talleres de lectores que evaluaban el material publicado para posteriormente intervenir en una eventual elaboración, todavía no se ha publicado, al parecer, un resumen. Un estudio de Herbert Schiller y Dallas W. Smythe en *Society*, marzo 1972 ("Chile: An End To Cultural Colonialism") llamaba la atención sobre esta insuficiencia.

Hemos visto hasta acá, entonces, en forma somera, la red múltiple de niveles subordinantes que actúan simultánea y sucesivamente sobre todo el proceso de producción y recepción, desde la fabricación del papel hasta la manufactura menos tangible dentro de la conciencia colectiva de actitudes automáticas hacia la rebeldía y el amor. Podemos ahora analizar aquello que es nuestra vocación específica: el contenido de la historieta *Mampato* y su relación eventual con lo que ocurría en Chile durante ese memorable año de 1973.[13]

El joven héroe Mampato, acompañado de Ogú, un bonachón gigante cavernario, va a visitar a su amiga Rena, hermosa muchacha del siglo cuarenta (pelo rubio blanquecino, ojos verdes, minifalda de última moda, cuerpecito fino, tez clara), que habita un país parecido a Chile en lo geográfico (altas montañas, valles cultivados, árboles y topografía típica), cuyos habitantes son telépatas pacíficos y bellos. Están muy adelantados técnicamente (debido a que allí "todas las mentes piensan unidas") pero no han perdido su naturalidad ("apreciamos una comida sabrosa y natural"). El problema es que su bondad no les permite defenderse de una civilización vecina, "de seres malignos", con "ansias de dominar a toda la tierra". El tirano Ferjus, el amo de ese lugar, sabe leer las mentes, igual que Rena. Ella no abusa de ese poder ("es mala educación meterse sin permiso en los pensamientos privados"), mientras que Ferjus adivina la interioridad de la gente para anexar y destruirla.

El déspota vive en un árbol gigante, rodeado de sus seguidores de raza amarilla (calificados de "asesinos", "malvados", "agresivos", etc.), todos ellos militarizados. Encontramos en ellos rasgos físicos que comparten con muchos otros villanos tradicionales que los *comics*: además de su piel, los dientes sobresalen a lo Drácula, tienen prognatismo agudo, y una cierta uniformidad los nivela e identifica. Pero otras ca-

[13]El *corpus* está constituido por la historieta *Mampato* durante todo el año 1973, que, a su vez, son cuatro páginas de la revista homónima. Nos faltan, eso sí, tres de los números, por lo que la muestra se reduce a 49 semanas de la serie de 52. Ha sido imposible conseguir, desde Chile, los restantes. Hemos podido reconstituir su contenido, sin embargo, por notas que obraban en nuestro poder.

racterísticas son algo más originales: muy musculosos, echados los hombros para adelante, con inmensas espaldas que salen de cuerpos más reducidos, tienen caras aindiadas y usan cascos como los obreros de la construcción. No hay mujeres ni niños entre ellos, aunque el tirano tiene un hijo (¿adolescente?) "cruel, estúpido y perezoso", el Príncipe Sicalipto primero. Ellos han reclutado y esclavizado a los hombres (también pacíficos) de esa tierra, que son laboriosos, inteligentes, pequeños, de diversos colores (rosaditos en su mayoría), amantes de la naturaleza, y que trabajan hábilmente con sus manos tanto en la manufactura de artefactos como en la agricultura. Estos hombrecitos (que sí tienen hijos y esposas) son torturados para deleite de la casta gobernante, azotados por su indisciplina. En estas prácticas Ferjus es secundado por unos espías suyos, los hombres-ratas, cuyos pensamientos son tan repugnantes que Rena se niega a incursionar en sus mentes. También está del lado de Ferjus la raza mutante de los gigantes guerreros, encabezados por el descomunal e ingenuo Gor que, a lo largo de los episodios, una y otra vez salva al tirano y ataca a los otros mutantes, que, sin embargo, son sus "hermanos". Por fin, Ferjus puede recurrir, en último término, a un monstruo terrible, devorador de esclavos ("el único mutante de ese tipo que existe en el mundo, hijo mío"), figura verde, escamosa, colosal, de apariencia prehistórica: el antroposaurio.

No hemos de relatar todas las vicisitudes de la lucha entre el bien y el mal, ni sus diversas etapas. Ferjus dispone de dos tipos de armas: lanzas (primitivas, inventadas por su propia raza) y paralizadores (modernas, que fabrican los del pequeño pueblo bajo amenaza de torturas). Ahora el opresor los quiere obligar a manufacturar un paralizador gigante con el que podrá atacar la civilización vecina, y con cuyas armas terminará por regir finalmente todo el mundo. Mampato convence a los hombrecillos de que engañen a Ferjus, accediendo supuestamente a sus demandas. Como demorarán varios meses "Eso nos dará tiempo para planear la rebelión".

No obstante lo cual, los héroes deben escapar del árbol inmenso, lo que sólo se logra cuando uno de los mutantes pacíficos se decide a utilizar un arma de fuego para socorrer a sus amigos, contraviniendo su propio disgusto ante el uso de la violencia.

Ya en el bosque, discuten la estrategia.

"Somos muchos los que aún no estamos esclavizados por Ferjus... Pero ellos son muy poderosos. Nosotros sólo sabemos trabajar."

"Justamente, ésa será nuestra arma", exclama Mampato, fervoroso. "Los mutantes esclavos deberán reunirse."

Acto seguido, se extiende una huelga que paraliza el país. Quejas de los "amarillos": "No hay esclavos que ordeñen el ganado. Nadie recoge las frutas. No están los que manejan los ascensores" Esta última ausencia —en un escenario donde el árbol largo y estrecho tiene varios pisos— significa de hecho cortar el transporte.

Esto obliga a uno de los hombres-ratas a parlamentar, aunque su verdadera intención es el espionaje. "Paz y amistad" susurra, enarbolando una sucia bandera blanca. Ofrece al pequeño pueblo su ayuda, siempre que le permitan seguir poseyendo algunos esclavos. Es sacado a patadas: "Nosotros sólo queremos la libertad".

Ante el fracaso de esta política, el tirano manda a Gor atacar a los rebeldes por sorpresa, y ultimar a sus cabecillas. El gigante es vencido por Ogú. Al retirarse, un Zorko (vegetal mutante, "monstruo que envuelve y devora a sus víctimas") lo captura. Los buenos rebeldes deciden, pese a todo, auxiliar a su enemigo. Antes de que se aleje, cabizbajo, recibe la lección de Mampato: "Gor", le dice," los mutantes te han salvado la vida. Recuerda que eres uno de ellos. Sin embargo, sirves a los tiranos que esclavizan a los tuyos. Ahora, vete".

El titán se va, dando extrañas y tiernas miradas hacia atrás. Es evidente que, en el futuro, durante la confrontación, se alineará junto a los rebeldes.

Vale la pena interrumpir este relato para avisar a los amables y atentos lectores que nos encontramos en el día 5 de septiembre de 1973. Antes de que saliera el próximo número, el día doce, ocurrirían eventos en Chile que todo el mundo conoce.

Pero lleguemos pronto al desenlace de nuestra aventura.

En efecto, cuando el antroposaurio queda por fin suelto y está a punto de despachar a nuestros campeones, viene la tan esperada rebelión de las fuerzas armadas del tirano, la rebelión de Gor y los demás despistados gigantes. "Nosotros somos también esclavos y hemos sido usados contra los demás mutantes." Al ataque: no les importa que los traten de "traidores".

Ferjus y sus últimos camaradas se refugian en la cúspide del árbol magnífico, jurando que "Los *venceremos* (subrayado nuestro, no lo podemos evitar) y los esclavizaremos en peores condiciones que antes".

El pequeño pueblo rechaza la alternativa de migrar ("buscar otras tierras para vivir sin ser esclavizados"), sino que optan por la lucha: "Ésta es nuestra tierra y lucharemos por ella. Los amarillos vinieron a esclavizarnos y deben irse". Además, mientras estén vivos, "habrá peligro".

La solución es simple. El árbol está minado "por los túneles de los hombres-ratas". Los mutantes se ponen manos a la obra: "Debilitaremos las raíces del árbol gigante. Ferjus y los suyos se rendirán".

Pero no tendrán ocasión de rendirse. Una tempestad terrible derriba el árbol, lo extirpa de raíz. Perecen los amarillos y los hombres ratas, aunque tal destino no se retrata directamente. Esa muerte atroz no era la intención de los buenos mutantes. Es la naturaleza la que los ha castigado en forma justiciera e impersonal. Se atenúa la tragedia al no haber mujeres ni niños en esa cúspide.

Ahora, "la tempestad ha cesado y fulge el sol". Mampato se despide con un "lindo" discurso, que el pequeño pueblo escucha encaramado en los hombros de los gigantes y encima de las raíces expuestas del árbol: "Amigos mutantes! La tiranía ha terminado. Ya no serán esclavos nunca más. Ahora deben trabajar unidos: el pequeño pueblo, los gigantes, los labradores y hombres-gatos. ¡Todos los mutantes laborando juntos conseguirán un futuro próspero, libre y feliz!"

Para resumir: el *comic* relata, entre mayo de 1973 y octubre del mismo año, semana tras semana, el derrocamiento de un tirano por un pueblo pacífico e industrioso. Se cumple una serie de etapas en esta lucha: insubordinación civil pasiva, llamadas a las autoridades para que recapaciten, negociación con el gobierno para dar tiempo a la rebelión, enfrentamientos parciales donde los gigantes siguen del lado del tirano, uso de la violencia por primera vez, huelga de los trabajadores y transportistas, llamados a la unidad y a la libertad, desobediencia de las fuerzas armadas que se convierten a la causa justa, extirpación del mal hasta sus raíces. A la vez, el déspota se aísla y se va quedando solo. Manda espiar bajo el disfraz de un parlamento o tregua, se hunde en mayores excesos y desmanes, quiere adueñarse de la tierra, recurre a monstruos inmensos y descontrolados, se refugia en su santuario con sus últimos fieles, rechaza la rendición.

Lo menos que se puede afirmar después de este resumen es que se advierten aquí paralelismos sorprendentes entre la ficción de la *historieta* y la realidad de la *historia* chilena del mismo período. En los momentos en que se lleva a cabo una lucha encarnizada por el control de un país entre dos bandos, uno rebelde y el otro responsable del gobierno, en los momentos en que se lanza una ofensiva planificada para derribar al presidente de Chile, aquellos buenos hombres del siglo cuarenta despliegan una idéntica estrategia, con etapas similares, y con un desenlace igualmente fatal, dentro de las páginas de una historieta escrita para niños.

Estas coincidencias (entre el contenido de un sistema comunicativo masivo y el "contenido", si así pudiéramos llamarlo, de un período en la vida del país donde ese producto se publica y consume) son demasiado grandes como para ser calificadas de casuales. Debería ser posible desmontar las relaciones que existen entre ambos órdenes de la realidad.

Nuestra hipótesis, sin juzgar todavía los propósitos (conscientes o no) de los productores intelectuales del mensaje, es que este tipo de historieta, en esas circunstancias, preparaba al lector infantil (u otro) para interpretar desde el punto de vista de la ideología dominante el enfrentamiento que se vivía en Chile, lo instaba a identificarse con las tesis e intereses de los rebeldes y a odiar a los amarillos y su líder, y finalmente lo coadyuvaba a interpretar como positivo, natural e inevitable el derrocamiento canalla del jefe del Estado chileno.

En efecto, basta con comparar las argumentaciones que la clase dominante hizo circular en Chile en esos mismos meses —un arsenal de motivaciones que se había acumulado durante años, por lo demás— para darse cuenta de que coincide con las acciones y caracterizaciones de los mutantes del pequeño pueblo. Las fuerzas armadas chilenas no dieron el golpe en nombre de quienes realmente lo dirigían, en nombre de las compañías multinacionales, en nombre de los grandes monopolios, ni se ungían en abiertos representantes de los terratenientes. La campaña contra Allende se basaba más bien en la moral, se erguía como una aventura ética impostergable en favor de la libertad y la patria amenazadas por la corrupción y por el comunismo internacional, presentado como una pesadilla sangrienta y demoníaca. La cruzada de saneamiento quirúrgico, que exterminará las causas del mal, se emprendía en nombre del pueblo silencioso, de los pacíficos y humildes habitantes de todos los sectores sociales, de los trabajadores que sólo querían vivir tranquilamente unidos, como "en el pasado". Lo inconfesable era que se trataba de una clase social minoritaria que aplastaba al proletariado que le iba disputando el poder. La clase dominante chilena logró construir y proyectar la imagen de un país, de una tierra, de una raza noble, atacados desde el exterior por antichilenos malignos y desde el interior por seres insanos y torcidos, supo presentar la lucha como si Allende fuera Ferjus y el país los tranquilos habitantes que finalmente lo echan del gobierno para evitarse un baño de sangre. La clase dominante supo convocar ante los ojos de la opinión pública el espanto de un monstruo tremendo, subterráneo y colosal, que se amadrigaba desde la oscuridad para caer sobre los inocentes y violar a los ingenuos; tal bestia sólo podría ser derrotada por una intervención milagrosa de las fuerzas armadas garantes de la permanencia de la nación. La clase dominante supo mostrar a sus adversarios como una mezcla de primitivismo bruto y estúpido, y maquiavelismo moderno y temible, que si alguna vez llegaban a controlar las armas fundamentales, terminarían por esclavizar todo el planeta. Supo presentar a las fuerzas populares como marionetas de un poder internacional satánico, dispuesto a saquear el universo. Supo convencer a vastas capas sociales, cuyos intereses objetivos estaban representados por el programa de liberación de la Unidad Popular y su proyecto de transición al socialismo, que el gobierno era ilegítimo, y que la violencia provenía de sus acciones y no de grupos paramilitares fascistas. Por último, la caída de Allende fue presentada más bien como producto de su ceguera, obstinación, y de fuerzas trágicas encadenadas desde el más allá, que como resultado de una acción concertada de "desestabilización".[14]

Toda lectura de esta historieta debe situarse dentro de este contexto, forma parte de esta atmósfera histérica (e histórica) de movilización ideológica. Podemos leer en ella la versión soñada, ideal, autojustificatoria, que la gran burguesía y el imperialismo dan de su batalla contra el pueblo de Chile. Sus propias acciones no podrían aparecer bajo una luz más favorable, con propósitos más "desinteresados". Han escenificado sus aspiraciones —y sus temores— y los protagonistas llevan a cabo este guión que la clase dominante iba escribiendo con su mente y con sus órdenes y presión. MAMPATO CONTRA FERJUS, gran aventura, no presenta la realidad efectiva de Chile de 1973. Presenta la interpretación inmaculada que da de Chile y de sus propios mitos y motivos, uno de los bandos en conflicto, aquel que ha sabido hegemonizar un frente contra la clase obrera y que sabrá reunir a su alrededor a los sectores decisivos para una alianza victoriosa (Democracia Cristiana desde el punto de vista político, cristianos desde el punto de vista ideológico, pequeña y mediana burguesía desde un punto de vista de clases, fuerzas armadas desde un punto de vista militar)[15].

[14]Un excelente trabajo al respecto es de Fred S. Landis, *Psychological Warfare and Media Operations in Chile,* 1970-1973, mimeografiado, 317 pp, 1975.

[15]Jaime Gazmuri, *Aprender las lecciones del pasado para construir el futuro,* Ediciones Barco de Papel, 1977 (primera edición, clandestina, en Chile, Ediciones Nueva Democracia, 1975).

No nos parece pertinente realizar aquí un análisis largo y detallado, derivando o encontrando cada instancia de equivalencia ideológica. Podríamos explicarnos el antroposaurio como los cordones industriales, o la mezcla de armas (lanzas imperfectas junto a paralizadores supersónicos) como la representación de un poder masivo en lo real y armado en la imaginación temerosa (o como la clase obrera y el armamento de los países socialistas). Pero bastará fijarse en lo fundamental, aquella interpretación básica que el lector debe hacer para situar su experiencia comunicativa *como estructura total* dentro de la óptica dominante en Chile, basta examinar los mecanismos de la primera, inexcusable, quizás involuntaria, quizás inconsciente, extrapolación: los buenos mutantes representan al pueblo de Chile, los malos amarillos son los desquiciados partidarios de la Unidad Popular. De ahí en adelante, todo conspira para que esa identificación se acreciente. Se trata, eso sí, de un proceso dinámico y no de un trasvasije mecánico que efectuaría algún lector abstracto. No hay conversión automática de la ideología en protagonista o de las categorías míticas en conflictos.

Esta identificación no sólo es posible debido a que la historieta coincide con las tesis de la ofensiva ideológica mencionada. La confirmación primordial provendrá desde la realidad cotidiana. Es ahí donde el lector sentirá que su intuición inicial (bondad-rebeldes, maldad-gobierno) es correcta, irá leyendo la historia contemporánea de Chile en la misma perspectiva con que lee la ficción ante sus ojos. Porque las semejanzas son notables. No es extraño que así sea: la evolución de la lucha misma, sus diversas y sucesivas etapas, son el resultado de la misma estrategia global que genera tanto la historieta como la lucha ideológica que la acompaña y la motiva. La realidad chilena está siendo cambiada, manejada, movida por la práctica de una clase social; está siendo dirigida por la conciencia, los intereses, la fuerza material de una clase que pretende —y logra— derribar a Allende. La historieta y la historia (si bien la primera cabe en la segunda) pueden entenderse como dos fases concordantes que se sostienen mutuamente. Es difícil saber dónde comienza una y termina la otra.

De todas maneras, esta correlación se refuerza, pues, con diversos métodos que la historieta desarrolla como ficción, como estructura significativa, como sentido y valor y tendencia. Ante todo, los rebeldes ficticios repiten o anticipan las etapas de quienes se presentan a sí mismos en la cotidianeidad de Chile como libertadores frente a un gobierno despótico e ilegal. Las dos ofensivas no sólo emplean los mismos recursos, en un orden más o menos similar, sino que ambos recurren a la huelga, procedimiento jamás contemplado como positivo (o existente) en una revista infantil. Las tácticas, por ende, son las mismas. Otras coincidencias con igualmente significativas. Por ejemplo, el lenguaje que utiliza el dictador ("Venceremos") en oposición a discursos sobre patria, unidad, trabajo, armonía, que conmueve a sus contrincantes. Lo mismo se puede aseverar de la guardia presidencial, que está caracterizada en términos que recuerdan las caricaturas de los trabajadores chilenos en la propaganda de la reacción (cascos, palos, musculosos, bizcos, compuestos de hordas, de "extraña" raza, etc.).

Se podría incluso hacer una comparación icónica. Pero hay más que esto. Podemos acercar la fecha de publicación de ciertos episodios con los acontecimientos políticos reales que se les asemejan extraordinariamente. La semana en que se forja la nueva alianza entre militares y hombrecillos viene a ser la primera de septiembre, justo antes del golpe.

El episodio en que los hombres-ratas espían y parlamentan (con la consigna "paz y amistad" que se coreaba, por no tan rara coincidencia, en ese mismo momento en el Festival Mundial de la Juventud en Berlín) aparece justamente cuando Allende llama a la Democracia Cristiana a conversar, y circulan rumores de un pacto para detener el avance fascista. Si hiláramos fino hasta podríamos observar que se suspende transitoriamente la publicación de esta historieta —procedimiento inusual, que podría también explicarse sin embargo por dificultades de índole técnica— cuando el Cardenal Raúl Silva hace un llamado público a la reconciliación nacional para evitar la guerra civil (se coloca en su lugar —"a petición de numerosos lectores" (sic)— una aventura inverosímil de Ogú en la prehistoria, que nada tiene que ver con el siglo cuarenta o la disputa por el poder en el árbol gigante).[16]

Hay elementos más que suficientes para probar nuestra hipótesis. Un lector que lee esta historieta está siendo sutilmente indoctrinado para descifrar la realidad desde el punto de vista de la clase dominante.

Pero, ¿qué significa esto para el examen de la relación genética entre autor (y el grupo social al que pertenece) y la obra? ¿Quiere decir, por ejemplo, que hay que sondear el origen de la historieta en los archivos secretos del Pentágono, es decir, en una conspiración entre el guionista y dibujante del *Mampato* y el servicio de inteligencia norteamericano? Ninguna presunción es descartable en este asombroso universo, pero parece preferible dudar de una hipótesis que haría responsable de *cada acción* ideológica dominante a una entelequia maquiavélica y calculadora que programara hasta el último detalle de nuestras vidas. No es que no exista asesoría especial ni dinero para empresas claves de la industria cultural, como, por ejemplo, *El Mercurio*. El imperialismo sabe —a diferencia de la izquierda— reforzar los puntos estratégicos del conflicto. Lo que pasa es que eso no hace falta ni es posible en todos los niveles de los aparatos reproductores de ideología. Para eso funciona precisamente la ideología, la forma material de la conciencia humana y su práctica. Difícilmente podemos ir más allá del umbral de una explicación más bien elemental, porque no disponemos (ni nos interesa mayormente disponer) de los datos concretos que rodearon la gestación de la historieta. Una genética a partir del autor mismo (se llama

---

[16]Con excepción del ya citado trabajo de Castillo, Larraín y Echeverría en *Cuadernos de la Realidad Nacional,* falta un análisis de las etapas de la contrarrevolución a nivel de la ideología durante el proceso chileno. Ese estudio, publicado en julio de 1972, se detiene a principios de ese año y, por lo tanto, no incluye la etapa que examinamos acá. Parece claro, en todo caso, que la mejor guía la constituye una lectura en profundidad de los editoriales de *El Mercurio,* donde se mezcla y armoniza la voz de los detentores del poder, así como sus fluctuaciones y dudas. Para 1973, véase la sección de nuestro libro: "Artículos sobre movilización ideológica en los últimos meses del gobierno popular", en *Ensayos quemados en Chile, inocencia y neocolonialismo,* Buenos Aires, Ediciones de la Flor, 1974, pp. 124-130.

Themo Lobos el responsable de la tira cómica) no sólo es, de hecho, imposible, sino que es, además, inútil.[17]

Podemos adelantar que lo más verosímil es que el autor debe haber imaginado la historia de la rebelión contra Ferjus como reacción automática e inconsciente a la situación que él sufría y que vivía el país entero. Necesitaba resolver —como millones de otros chilenos— en la ficción (lo que quiere decir, en su práctica cotidiana, en su quehacer, en su profesión, en la tradición que encuadra su actividad y sus límites artísticos y expresivos) lo que iba apareciendo como antagónico y doloroso en la inestable, insostenible matriz emocional de todos los días. La diferencia con esos millones de otros chilenos es que él poseía un instrumento de expresión, una palabra y un color para decir y para pintar. Insertó su creación dentro de los temores y proyectos que por mil otras vías, simultáneas, anteriores, sucesivas, se diseminaban, veían la luz del día y larvaban en el conjunto de la sociedad chilena. Él puede, naturalmente, estar en ocasiones copiando lo que vive y absorbe de la lucha de clases en el país, o puede anticipar las formas que ésta iba a tomar, por ejemplo, una intervención militar, más allá de sus deseos.

En todo caso, el ejemplo de *Mampato* nos permite verificar la enorme complejidad de concretizar, de aterrizar, un análisis como éste, de trazar hasta sus orígenes múltiples un producto cultural masivo. La presencia del modelo cultural, del sistema de valores, de la ideología dominante hecha costumbre y repetición en situaciones ficticias, claro que todo esto ayuda a esclarecer las formas de producción de una obra como la que hemos visto. Pero la mera existencia de miles de productos como *Mampato*, cada uno portador de un mensaje que impone criterios y representaciones mentales hegemónicos, cada uno de los cuales presiona al intelecto y a las tripas en una dirección preconcebida, ¿es suficiente como para estar seguro de que cuando sobrevenga una crisis grave esos aparatos y productos van a reac-

[17]Sobre los límites de la teoría "conspirativa" de los medios y la coherencia de la manipulación, véase el indispensable libro de Herbert Schiller, *The Mind Managers,* Beacon Press, Boston, 1973.

cionar y movilizarse de acuerdo a los intereses económicos y políticos de sus dueños? El sistema general, económico e ideológico, que hemos descrito antes del examen directo de la historieta, ¿es fuerte para garantizar respuestas adecuadas en coyunturas específicas? Parece que sí. Pero ¿cómo funciona en la realidad histórica concreta esa influencia desmedida, cómo se generan y determinan verdaderamente las ideas, a través de qué hombres efectivos, cuáles situaciones cotidianas, qué tipo de instituciones reales?

Tal vez ayude a percibir estos dilemas recoger otros episodios del mismo *Mampato* del año 1973. El primero, que va de enero a marzo de ese año, cuenta la captura de la tribu de Ogú, que cae en manos de un hombre-mono rojo, más "civilizado y más cruel" que el infantilizado amigo de Mampato. Ogú no puede socorrer a sus conciudadanos porque ha perdido su palito mágico, instrumento y símbolo de su poder. ("Olvida tu superstición estúpida y piensa en tu obligación de liberar a tu pueblo.") Sigue tan fuerte, valiente y resuelto como antes. Pero ya no tiene confianza en su capacidad para "vencer" (*sic*). Quien dará la pelea por él en cada circunstancia será su hijito que, desobedeciendo las órdenes paternas, los acompañará secretamente en el viaje. Cuando éste es capturado, a punto de ser devorado (sí, otra vez más) por una gigantesca serpiente primigenia, Ogú supera sus supersticiones y salva al niño.

El segundo, que va de marzo a mayo de 1973, cuenta una visita de Mampato a la isla perdida de Atlántida, donde una catástrofe natural (el volcán está en erupción, pero hay una serie de otros cataclismos cada semana) lo hace huir, con algunos selectos habitantes. Hay que advertir, nuevamente, que una aventura de este tipo, en que el héroe es derrotado por la naturaleza y en que sobreviene el apocalipsis, es infrecuente en la narrativa infantil (no sólo la masiva contemporánea, sino también la de todos los tiempos).[18]

Podemos hacer una lectura ideológica de ambos episodios, viendo de qué manera coinciden con estados de ánimo de la burguesía dependiente chilena durante los prime-

[18]Valdomir Propp. *Morfología del cuento,* Madrid, Fundamentos, 1971.

ros cuatro o cinco meses de 1973. En efecto, es admisible postular que en la lucha por "liberar" a un pueblo de las garras del hombre-mono rojo no importa si el enemigo salvaje ha usurpado el poder más importante (el que da el mando, el ejecutivo), siempre que se tenga fuerzas suficientes para seguir adelante, siempre que se piense en los hijos y en el futuro y que éstos participen en la batalla. Es el momento de la campaña electoral que ha seguido a una movilización estudiantil sin precedentes contra el gobierno de Allende después del fracaso del paro patronal de octubre de 1972. Asimismo, podemos observar que el estado de ánimo de grandes sectores de la burguesía chilena después de la victoria electoral del pueblo en marzo de 1975 (se saca el 45% de los votos en una situación crítica, creciendo en más de 9% desde las presidenciales de 1970, y se pone punto final a las aspiraciones de quienes sueñan con echar a Allende mediante un juicio constitucional en el Congreso) es precisamente la que aparece en la aventura de Mampato: el sentimiento de que todo está perdido, que este paraíso será arrasado por una catástrofe de fuego y un aluvión de tierra, que hay que abandonar la partida, hacer las maletas y emigrar. Por lo demás, este episodio de Atlántida remplaza al de Ferjus, que es anunciado en el número anterior a las elecciones y que no hace su aparición sino dos meses y medio más tarde, es decir, se posterga la historieta que habla de la rebelión y se pone en su lugar una historieta que respira derrotismo.

Volvemos a hacer la pregunta: ¿basta con anotar coincidencias entre dos sistemas —el uno comunicativo, el otro de lucha de intereses sociales— para entender cómo ese nexo se realiza, cómo se genera, cuáles son las interconexiones causales?[19]

Queda planteado con esto el requisito de contar con una muestra más amplia de la historieta en cuestión, de manera que podamos medir las variaciones significativas que introduce en su interior la agudización de la lucha de clases en Chile durante el período de la Unión Popular o, al menos,

[19]Véase Frederic Jamson, *Marxism and Form, Twentieth Century Dialectical Theories of Literature,* Princeton Press, 1971.

durante 1973. En efecto, la instrumentalización de la ficción infantil en cuestión deviene inaplazable cuando hay tal grado de tensión sacudiendo al conjunto de la sociedad, cuando lo que está en juego es el destino futuro de ese pueblo, la clase que detentará el poder de ahí en adelante.

Hagamos ver que, en general, la conexión directa entre los intereses de la clase dominante y los productos masivos subculturales no es evidente, puesto que los aparatos ideológicos se pregonan a sí mismos justamente como inocentes, más allá de las clases, más allá de todo servicio o toma de partido inmediatos. Distinguir la práctica tradicional del producto ficticio; su forma habitual de representarse, de tipificar, de valorar la realidad; el conjunto artículado de lenguajes, de su uso concreto en una situación determinada, es una de la tareas fundamentales de toda sociología de la cultura. Todo mensaje está generado por su época y en su época. Pero aquellos que son fabricados en momentos de gran crisis, en que se juega a fondo el poder o la sobrevivencia de una clase, tienden, por el contrario, a ser altamente reveladores, irrumpiendo en su seno supuestamente transparente y cristalino los problemas más urgentes de la cotidianeidad o de las vicisitudes contemporáneas.

Entendemos que las dudas que afligen a los lectores están siempre presentes en la obra, aunque sea de una manera indirecta o disfrazada, a través de formulaciones que, precisamente por ser ideológicas, están mediatizadas. El sentido de un buen análisis de contenido tiene por objeto ubicarlas, revelar su verdadera dirección, encontrar la equivalencia —el proceso dinámico de equivaler entre las estructuras significativas y los antagonismos reales que los lectores sufren y que buscan resolver en su conciencia para poder seguir funcionando. Se trata de descubrir la práctica en la ideología. La ventaja de una coyuntura como la chilena es que fuerza a poner en marcha, a desnudarse, los elementos más patentes (y más represivos) de la manipulación, presiona al arte de técnicas masivas para que actúe como contrapropaganda, a riesgo de abandonar su "autonomía". Esto ocurre voluntariamente, por ejemplo, cuando Supermán lucha contra los nazis o los coreanos, cuando el Pato Donald va a Vietnam a "poner orden" en los líos de ese país. Una situación de emergencia permite rastrear los lazos más obvios,porque el producto mismo se coloca en otra función.[20] Pero nunca hay que olvidar que esa nueva función —en que se entra a lidiar rotundamente en la política diaria— es factible sólo porque ya está actuando antes en tanto sistema de valores y significaciones incuestionados que desde años internaliza y respira el consumidor.[21] Su participación en la historia coetánea se *agrega* a su función más general de resguardar los valores de toda la sociedad, y la *concretiza.*[22]

El episodio de Mampato que hemos analizado puede servir de muestra. Si hoy se editara en Chile este mismo guión, no cabe duda de que la gran mayoría de la población lo leería como una declaración antifascista o cuando menos antidictatorial. (Hay que anotar eso sí que no tendría, en el contexto de 1977, la misma coherencia como mensaje anti-Pinochet como lo tuvo durante 1973 como mensaje anti-Allende, porque ciertos elementos significativos, al salirse

[20]Umberto Eco, *Apocalípticos e integrados ante la cultura de masas.* Barcelona, Lumen, 1968. Ilustraciones de cinco diferentes coyunturas que han influido abiertamente en las historietas, en Roberto Bardini y Horacio Serafini, "La 'inocencia' de la historieta", *Cambio* (México), Oct-nov-dic. 1976, pp. 49-53.

[21]Si, en efecto, la historia de Mampato no se politiza aún más, sino que se detiene justamente en el vago territorio de los paralelismos semidiscernibles, es porque una de las argumentaciones fundamentales de la clase dominante en contra de las posiciones de la clase obrera y sus intelectuales es la conversión de todo arte —masivo o no— en propaganda, con lo cual intentaban ocultar su propia instrumentalización "apolítica" de la sensibilidad para sus fines minoritarios, apuntando, además, a un problema que la izquierda no ha sabido resolver en torno a las relaciones entre ideología y práctica artística.

[22] Es posible, por ejemplo, entender la pareja Mampato-Ogú como una variación de aquella que se establece en tantas historietas, sea de "aventuras", sea de "situaciones familiares": uno de ellos representa al niño-salvaje y el otro al niño portador de valores y comportamientos adultos, uno al sector marginal reprimido, el otro al dominante y positivo, ambos actuando juntos para re-establecer el orden amenazado, y cuyo sentido último es la mantención de la sociedad tal cual. Esta configuración del héroe —cuyas variantes obedecen a la necesidad de originar novedades o cambios en la forma en que se solucionan los problemas, base para un proceso de indentificación dinámico— subsistirá en cualquier producto sub-

del marco que les dio origen, serían contradictorios con esa nueva interpretación; por ejemplo, la caracterización de la guardia presidencial, ciertas etapas de la lucha, etc.) De todas maneras, su función totalizante de modelo cultural dominante, la actitud que genera respecto a la mujer, al éxito, al paternalismo, la solución mágica, la solución venida desde afuera, etc., seguiría siendo idéntica, mientras que su función específica, táctica por así llamarla, la que suele ser secundaria, habría cambiado. Naturalmente, por eso, en el Chile de hoy, no sólo no se le ocurriría al guionista concebir una tal historieta, sino que resultaría imposible su publicación.[23] Esto significa que todo análisis no sólo debe tomar en cuenta la coyuntura ideológica en que se encuentra sumido el autor sino también aquélla en que se halla el o los lectores.

Por otra parte, vale la pena recordar que el producto ideológico no es una emanación perfecta y pura del sistema dominante: encierra no sólo la superación mental y emocional de los antagonismos vigentes, sino que muchas veces ha dejado aflorar esas contradicciones, se instala en

---

cultural de signo burgués, por cuanto es *estructural* como sistema a la ideología que el capitalismo industrial necesita en el mundo del entretenimiento. Otra cosa es examinar las acciones de esa pareja —los problemas concretos que resuelven— en el contexto más o menos claro o directo de una situación histórica determinada. Ya hemos analizado parcialmente estas dificultades en "La última aventura del Llanero Solitario". Otro ejemplo de esto es la síntesis, en el pueblo avanzado del siglo cuarenta de la modernidad tecnológica y la bondad natural y sencilla, resolviendo de esa manera, en el *comic*, la tensión entre sociedad "científica" y vida simple y paradisíaca que el capitalismo promete resolver y que genera en su seno incesantes búsquedas utópicas.

[23] Un reciente estudio sobre la obra de Eugene Sue (René Guise, Marcel Graner, Liliane Durand-Dessert, "Des *Mystéres de París* aux *Mystéres du Peuple*", en el número de *Europe*, marzo-abril de 1977, París, dedicado a "La Littérature Prolétarienne en question", pp. 152-167) prueba cómo se logra que la obra popular de un autor no pueda cambiar de signo o, en su defecto, no difundirla, sacando la conclusión: *"Si la burgeosie n'a pas produit plus de véritables romans populaires, ce n'est pas seulement parce que pour etre authentique, une telle litterature doit venir du peuple, mais parce que, quand des ceuvres de cette nature apparaissent, tout le systéme tonotionne pour en empêcher la connaissaince et en paralyser l'action"* (p. 167, subrayado nuestro).

un punto donde contiene, aunque no fuera más que negativamente, los elementos críticos al sistema operante. Es dable estudiar la historieta *Mampato* como derivado significativo de una práctica ideológica en un momento determinado. También se lo puede ver como síntoma inintencional de una crisis, como "reflejo" de una situación mayor.

Lo que nos conduce a otro dilema de fondo metodológico:[24] para juzgar la función flexible que cumple cada producto cultural, su modo de significar dinámico, hay que disponer simultáneamente y de hecho en forma previa, de una interpretación de la historia contemporánea próxima, de las tácticas, modalidades y estrategias de las clases en pugna. Incluso, para probar que hay paralelismo entre las aventuras de Mampato y su séquito y la ofensiva de los rivales de Allende, es preciso contar con una periodización anterior, que de ninguna manera puede deducirse de la obra misma analizada. Para trabajar seriamente el tema de la dominación cultural no basta con acogerse a un sistema ideológico general, a un modelo, aunque esa primera apelación sea valiosa: resulta imprescindible empotrar el fenómeno y su gestación en las contradicciones ideológicas concretas de la coyuntura no sólo dentro de la cual ha sido creado, sino también dentro de la cual se va a emitir o a re-emitir. Lo que nos devuelve al carácter a veces subsidiario y apenas multidisciplinario de este género de estudios. A los múltiples niveles y presiones de la dominación cultural deben responder intentos igualmente pluriformes y sistemáticos.

Hasta ahora, sin embargo, hemos esquivado un problema que bien podría ser el primordial cuando se trata del sometimiento y las formas de combatirlo. Porque cuando calificamos una estructura, una obra, un mensaje, un sistema, como dominados o dominantes, lo que estamos haciendo

[24] Hay un buen análisis sobre estos problemas en el trabajo de Charles Boyzais, "La teoría de las estructuras de las obras: problemas del análisis del sistema y de la causalidad sociológica", en Robert Escarpit, *Hacia una sociología del hecho literario,* Madrid, Cuadernos para el diálogo, 1974. Véase también Antonio García Berrío, *Significado actual del formalismo ruso,* Barcelona, Planeta, 1973, especialmente pp. 342-344, sobre las críticas de Milan Jankovic a Goldmann.

ante todo es juzgarlos, los estamos valorando o condenando desde un punto de vista axiológico y político, es decir, estamos contrastándolos con otra conducta posible. Es la perspectiva de una liberación, de una independencia, la que revela la verdadera dimensión de lo que oprime culturalmente. Esto se hace meridiano cuando se intenta modificar aquella opresión. Es un proyecto alternativo el que denuncia y corre el velo de la profundidad tentacular —que se nos perdone el cliché, pero es la acepción escrupulosa— del sistema en vigor. Lo que es o no dominante va a ser tributario de la definición —teórica y práctica— de lo que vayamos entendiendo como liberación, lo ajeno de lo que alumbramos como propio, nacional, autodeterminado. La dificultad mayor, entonces, reside en el hecho de que esa conciencia, esa opción, está sujeta a su vez a la historia, es una perspectiva que está en incesante vía de constitución.

Esto significa, en el fondo, que no se puede juzgar lo que es dominante de acuerdo a esquemas abstractos, a utopías sólo realizables en la cabeza, sino en cada momento según lo que se entienda como factible en el terreno cultural, de acuerdo a las condiciones reales para desarrollar un sistema independiente, de acuerdo a las necesidades cotidianas y las posibilidades materiales verdaderas de transformación de los modelos vigentes. Partimos de la certeza de que las fuerzas progresistas han adquirido siempre algún grado de poder en el seno de una sociedad, que coexisten dentro de la cultura dominante elementos democráticos y socialistas, que es posible advertir en cada momento la existencia germinal de proyectos culturales alternativos.[25] Nuestro punto de vista, por lo tanto, rechaza la espera pasiva de una revolución intangible y perfecta, que nazca intacta y ensoñada, y sugiere, por el contrario, que toda crítica a la dominación cultural debe efectuarse desde los intentos concretos que se le han opuesto, desde el poder real —en todos los territorios, incluyendo el poder de la

---

[25] Lenin, "Notas críticas sobre la cuestión nacional", en *La cultura y la revolución cultural,* Moscú, Progreso, 1971. También las ideas de Gramsci sobre lo "nuevo" en el hombre viejo. *Antología,* p. 288 ("Sobre el arte educador"), México, Siglo XXI, 1978.

emoción, del pensamiento, de la imaginación, de la técnica— que se tiene para sustituirla o para modificar algunos de sus aspectos. Medimos la viabilidad de un cambio —y, por lo tanto, el grado verdadero de dominación— en virtud de los medios disponibles en un momento dado para llevarlo a cabo.

Esto significa que en último término, si bien hemos puesto el énfasis a lo largo de este trabajo en una victoria del imperialismo cultural, uno de los tantos repetibles momentos en que el dominador logró una vez más hacer funcionar las conciencias en la dirección que deseaba, nuestra perspectiva es otra, partiendo de la certeza de que el campo cultural ha sido también el escenario de muchas de las grandes victorias de nuestra lucha por la emancipación continental. No puede desconocerse que en el camino por la liberación del suelo, del aire, del corazón latinoamericano, algunos de los avances más significativos se han dado en el área cultural e ideológica. Utilizando un símil geográfico, podríamos afirmar que en nuestros países hay una serie de provincias o comarcas de tipo espiritual que, si no han sido del todo redimidas, ya tienen construidos en su territorio rutas, fortalezas, ventanas, sótanos, establecimientos escolares y hospitalarios, más ventanas, trazados de calles, bodegas, aún más ventanas, e incluso complejos habitacionales, centrales hidroeléctricas, pequeños puertos y, claro... ventanas. Para desalojarnos de estas posiciones —a veces poco visibles, pero que suelen manifestarse de manera ruidosa y molesta— a la clase dominante no le basta ahora con recurrir a discursos autoelogiosos, avisos publicitarios, inauguración de estatuas a próceres, teleseries importadas, manuales de buena educación para señoritas y de mala educación para obreros, no le basta con recurrir a los infinitos Mampatos con que disfraza la realidad cotidiana: tiene que pasar de la manipulación cultural a la represión generalizada, al genocidio y la censura, no sólo de los textos, sino de los cuerpos que los producen y diseminan.

Es demasiado conocido el fenómeno como para reiterarlo otra vez más: ahí están los libros quemados, los intelectuales en la tortura, exiliados, desaparecidos, las universidades agarrotadas, las exposiciones de pintura prohibidas, los espectadores llevados presos por escuchar música. Paradójica prueba de nuestros éxitos, de la pujanza y promesa de la cultura latinoamericana de liberación: ahora en vez de echar de su trabajo al cantante o de no transmitir sus canciones o de dar órdenes de no entrevistarlo en los diarios, se lo manda —muy sencillo— a fusilar.

Entender que es Mampato el que apretó, el que sigue apretando, ese gatillo; entender que es Ogú el que dio la orden, el que la sigue dando; entender que es Rena la que planificó, la que sigue planificando, la ofensiva; entender todo esto ya es un modo de limitar su "inocente" influencia, ya es un modo de participar en su liquidación, ya es un modesto, minúsculo modo de preparar un mundo diferente, en que los verdaderos hombrecillos y pequeñas mujeres, los habitantes pacíficos y laboriosos de nuestro continente, hagan su ingreso definitivo a la historia —y también a la historieta— para terminar de una vez por todas con quienes explotan sus cuerpos, sus emociones y sus miradas.

Amsterdam, septiembre de 1978

Esta obra se terminó de imprimir en mayo de 1982,
en los talleres de LITOGRAFICA INGRAMEX, S.A.
Centeno 162, Col. Granjas Esmeralda,
México 13, D.F.